¿Tu verdad? No. Guárdatela.
La verdad. Vamos a buscarla juntos.

Antonio Machado

DEDICADOS A LA EXCELENCIA

La misión de EDITORIAL VIDA es proporcionar los recursos necesarios a fin de alcanzar a las personas para Jesucristo y ayudarlas a crecer en su fe.

© 2003 EDITORIAL VIDA
Miami, Florida 33122

Edición: *Anna Mariela Sarduy*

Diseño interior: *A&W Publishing Electronic Services, Inc.*

Diseño de cubierta: *Pixelium Digital Imaging Inc.*

Reservados todos los derechos

ISBN 0-8297-3770-7

Categoría: *Vida cristiana / Sexualidad*

Impreso en Colombia
Printed in Colombia

03 04 05 06 07 08 ❖ 06 05 04 03 02 01

A Esther Lucía:
mi madre espiritual,
mi hermana en la fe,
mi amiga incomparable,
mi amada esposa.

CONTENIDO

Advertencia 9
Introducción 11
1. Bajo el signo de Eros 35
2. El desnudo al desnudo 59
3. El macho latino. 79
4. La liberación de Safo 101
5. Fuego sobre Sodoma 123
6. El holocausto infantil 151
7. Dios fertiliza lo estéril 177
8. La soledad compartida 205
Conclusión 233
Bibliografía 235

Advertencia

Al final de mi tránsito de más de un cuarto de siglo por los medios de comunicación masiva, estuve tentado a estudiar sociología, pero me disuadió un teólogo al referirme un chiste cruel en un corto diálogo:

—¿Cuál es su profesión?
—Sociología.
—¿Y qué es sociología?
—Aquella profesión con la cual y sin la cual el mundo sigue igual.

Después de convertirme al cristianismo, estudié teología, y, a poco andar, fui desafiado por un filósofo con otro chiste cruel en otro corto diálogo:

—¿Es usted teólogo?
—¡Dios me libre!
—Confirmado: es teólogo.

Opté, pues, por estudiar filosofía y, cuando recibí un cartón que decía Ph.D. me enfrentó un sexólogo. Entonces decidí escribir este libro. Se puede ser sociólogo, teólogo, filósofo, o cualquier otra cosa, pero es imposible evadirse de la influencia erótica. Todo ser humano es un sexólogo, al menos empírico; y, por eso, acudir a la Biblia en busca de luz es la mejor decisión en esta hora de tinieblas de la pornografía. He pedido al Padre en oración que su Espíritu me otorgue dos gracias:

- Como pastor, el correcto mensaje.
- Como comunicador, el preciso lenguaje.

Y le he dicho que me daré por satisfecho si es honrado el Nombre de su Hijo, mi amado Salvador y Señor Jesucristo. Amén.

Introducción

LA FLAUTA MÁGICA

(A modo de obertura)

El sexo es un tema de candente actualidad mundial. La fornicación, el adulterio, el homosexualismo, la promiscuidad, han llegado a extremos nunca antes conocidos en la historia humana, tal vez con la excepción de la era antediluviana. El Cristianismo en sus tres grandes ramas: Católicos, Ortodoxos y Protestantes, mira con preocupación estos fenómenos, que constituyen abierta rebelión contra la Palabra de Dios; pero no hay unidad de criterios sobre el tratamiento que debe dárseles. El propósito del autor es analizarlos a la luz de las Sagradas Escrituras, supremo tribunal de vida y conducta.

La idea que podríamos considerar esencialista en esta materia es la siguiente: La Biblia dice sobre la especie humana que Dios «varón y hembra los creó», de donde queda claro que la pareja heterosexual es la culminación del plan divino. Durante la civilización cainita —presumiblemente guiada por ángeles caídos, o demonios— la humanidad aprendió, junto a la idolatría, actividades como el curanderismo, la poligamia y toda perversión sexual, según el libro apócrifo de Enoc, cuyo contenido, entre las interpolaciones gnósticas, conserva porciones concordantes con verdades bíblicas. A la letra de las Sagradas Escrituras, el Diluvio fue un castigo por aquellas prehistóricas corrupciones, amenizadas por los solos de flauta y arpa de Jubal y el centelleo de las fraguas de Tubal-Caín.

> «... llamado Jubal, quien fue en antepasado de los que tocan el arpa y la flauta» (Génesis 4:20b).

> Tubal Caín, que fue herrero y forjador de toda clase de herramientas de bronce y de hierro» (Génesis 4:22b).

A poco andar la civilización posdiluviana, Sodoma y Gomorra, y otros asentamientos urbanos alrededor, recayeron en la depravación. Los sodomitas, incluso, intentaron violar a los enviados del Señor que ejecutarían su sentencia por medio del fuego.

> «Llamaron a Lot y le dijeron:
>
> —¿Dónde están los hombres que vinieron a pasar la noche en tu casa?
>
> ¡Echalos fuera! ¡Queremos acostarnos con ellos!» (Génesis 19:5).

La desviación homosexual tiene origen en las tinieblas y su práctica se halla ligada, en algunos casos, a ritos de adoración satánica. Por otra parte, la generalizada presunción de que el cónyuge es el deber y el amante el placer, ha propiciado una poligamia socialmente consentida, con desbordamientos de incalculables consecuencias. La Biblia circunscribe el sexo a la pareja unida por Dios en el santo matrimonio, para procreación responsable y en conciencia, protección de la pureza conyugal y deleite mutuo de los cónyuges. Finalmente, el cristiano sabe, gracias a las Escrituras, que «el cuerpo es el templo del Espíritu Santo», lo cual determina la integridad de su conducta sexual. Nada justifica que se profane el templo.

RESTAURACIÓN

Ante el estado de descomposición por el que atraviesa la sociedad contemporánea en lo tocante a valores ético-sexuales, este trabajo se orienta a destacar el papel de la Iglesia Cristiana, con el fin de que ella reasuma el mandato bíblico en cuanto a su función profética y patrocine un adecuado actualismo teológico. La Palabra de Dios es el único marco rector de una sociedad viable y, por lo tanto, volver a ella colocará en orden las prioridades y permitirá maniobrar el reordenamiento que hoy requiere la civilización.

Colocado al margen del solucionismo bíblico, nuestro mundo parece distanciarse cada vez más del cumplimiento de los mandatos «no fornicarás», «no cometerás adulterio», y el SIDA emerge como una plaga devastadora que amenaza con destruir gran parte de la humanidad en corto tiempo. (Problema que la ciencia y la tecnología pretenciosamente creen ser capaces de resolver por el medio expedito de la clonación). Por lo anteriormente expuesto, hemos creído de urgencia y necesidad hacer un diagnóstico de este mundo enfermo y acudir al Médico Divino para que provea su sanidad.

Con el trasfondo de las tradiciones católico-romanas, sumidas en la inanidad religiosa, y el aislacionismo evangélico, atado a la parálisis teológica, la gente de América Latina tiene la tendencia a desconfiar de los dirigentes espirituales en lo que atañe al tema sexual. Se cree, generalmente, que el sacerdote nada sabe del asunto por no tener novia ni esposa, al menos oficialmente; que el pastor, por su parte, sabe demasiado pero mal sabido, y que ambos, por igual, suelen aprovecharse de las necesidades sentimentales de sus feligreses, como algunos psicólogos y psiquiatras lo hacen de las de sus clientes. Es poco reconocido por la opinión pública el honesto y eficiente trabajo que desempeñan sabios y consagrados consejeros cristianos de ambos sexos en la restauración de vidas destrozadas por traumas sexuales.

El autor de este libro debe hablar con humilde franqueza sobre temas a los cuales ha llegado por medios indirectos. No soy sexólogo ni psicólogo sino, con enormes limitaciones, semi-sociólogo y medio teólogo; pero, aun así, no tengo compromiso definido con ninguna de las dos grandes corrientes que han bifurcado inamistosamente a la iglesia cristiana: fundamentalismo y liberalismo. Pertenezco al pequeño pero expansivo grupo de quienes hoy buscan con diligencia una teología integral, al margen del régimen.

El doctor C.S. Lewis ha bromeado que, por el hecho de que Jesús dice que debemos ser como palomas, no está dispuesto a pasársela todos los días

Introducción

poniendo huevos. Irónica alusión a los literalistas que, en su afán por defender jotas y tildes, pasan por alto los géneros literarios de la Biblia y la guía del Espíritu Santo en su interpretación. Exageración equiparable a la de quienes, por el contrario, dogmatizan que la Biblia no es Palabra de Dios pero la contiene, o puede llegar a serlo en cierta medida, dando paso a toda suerte de descabelladas interpretaciones. La primera corriente ha hecho del sexo un simple ejercicio mecánico reproductivo, y la segunda, un incontrolado desbordamiento pasional que acepta incluso, en muchos casos, las aberraciones. El movimiento integralista, que comenzó su tenue oleaje en el ocaso del siglo XX y el amanecer del XXI, se sitúa en el centro, equilibrando otra vez la hermenéutica para que interprete correctamente la situación temporal, con sus particulares retos, indescifrable para el sistema oficial.

Creemos que la educación sexual debe darse desde la más tierna infancia, en forma natural y espontánea, con explicitez pero sin concesiones a la procacidad. En los inicios de la pasada centuria, un clérigo de Hamburgo, el hoy ignorado pastor Mahling, proclamaba con sabiduría que no le fue reconocida entonces y que, aun hoy, muchos pasan por alto en grupos que se dicen cristianos:

> «Estoy con la franqueza absoluta porque creo que ocultar las cosas naturales bajo un ropaje engañador puede ser más nocivo que la revelación de la verdad. Nadie ha sido jamás, hasta ahora, corrompido por la verdad, mientras es notorio el daño ocasionado por la

prevaricación. Estamos, pues, con el esclarecimiento de la juventud. La cuestión estriba en saber cómo y cuándo esa ilustración ha de tener lugar».[1]

Gracias a Dios, ya se cuenta con maravillosos manuales que adiestran a los padres sobre la correcta forma de iniciar a los niños y avanzar a los jóvenes en materia de sexualidad; pero, lamentablemente, muchos grupos cristianos dejan reposar tales textos en los anaqueles de las bibliotecas sin echarles una mirada. A la hora de dar respuestas, los líderes se limitan a ofrecer frases prefabricadas que aumentan las inquietudes en vez de solucionarlas.

CONFESIONES

Doy gracias a Dios por la forma transparente como a los niños de mi época, ya lejana en el tiempo, se nos enseñaban estas cosas. Cuando la perra de la familia engordó de la panza en forma inocultable, los mayores nos informaron que unos perritos nuevos, como todo ser vivíparo, se estaban formando dentro, a diferencia de lo que ocurría con las gallinas, por ser ovíparas; lo que se formaba dentro de ellas eran los huevos, de los cuales salían después los pollitos. El ser humano, por su parte, no es ovíparo sino vivíparo y, así las cosas, las mamás son como las perritas y no

---

[1]. Costler y Willy, *Enciclopedia del conocimiento sexual*, Ed. Claridad, Buenos Aires, Argentina, 1966. Pág 50.

como las gallinas. Los bebés se forman, pues, dentro de las madres y es por eso que a ellas les crecen las barrigas; y, así como los gallos abrazan a las gallinas y los perros a las perras, los papás tienen que hacerlo con las mamás para que los niños puedan entrar en ellas. Pero lo que entra, tanto en los huevos como en los vientres, no son los bebés ni los pollitos, sino una semillita de la que ellos se forman. (¡Qué curioso!, Marco y Silvana, mis nietos menores, que se encuentran de visita en casa de los abuelos, quieren celebrar una boda perruna: su Panchito con nuestra Dulcinea; uno de los hermanitos mayores será el pastor, y la abuela preparará una torta matrimonial a base de concentrado para perros.)

En las zonas rurales de América Latina los campesinos solían invitar a los niños a contemplar el parto de la vaca, la yegua y la oveja, en una pedagogía directa e insuperable. Es llover sobre mojado subrayar que las costumbres eran, en tan simples e idílicas épocas, menos desordenadas que hoy. Pero, aunque todo lucía diáfano, ya se cernían sobre la sociedad humana densos nubarrones. Al celebrar mis abuelos paternos sus bodas de oro, recién terminada la II Guerra Mundial, ya la familia humana sentía erosionarse en sus bases. Por cierto, el cura de mi pueblo, famoso por sus humoradas en el púlpito, remató la plática con estas palabras: «Hay que felicitar a don Rufino porque ya es francamente un poco raro que un hombre permanezca cincuenta años con una sola mujer».

Cuando, entrando a la pubertad, fui interno en un colegio de enseñanza secundaria, ya llevaba incorporado el recuerdo de juegos eróticos infantiles y mi primer poema de amor para una vecinita. A causa de aquel precoz enamoramiento, viví el período más inútil de mi vida, del cual solo puedo rescatar la lectura de alguna novela romántica, y una sensación, hoy subyacente en mí, de no haber sido nadie y de no haber hecho nada, algo como la memoria difumada de un sueño, un gran paréntesis en blanco, mi año nulo en cuyo transcurrir no hubo alegrías ni dolores, y si los hubo, fui insensible a ellos, como un leproso anímico, inmune a las emociones, atérmico, indolente, anestesiado.

Dios permitió eso en su misericordia previsora, para que yo cruzara indemne un intento de seducción que se me hizo. Sabida la imposibilidad de que aprobara una materia abstrusa por la vía legal de las calificaciones —cosa que no me quitaba el sueño— un estudiante mayor propuso el canje de las pruebas finales por mi cuerpo. La sola idea me pareció asquerosa, sencillamente por antinatural, pues había aprendido las cosas al derecho desde muy pequeño y nunca pude entender las relaciones sexuales de otra manera que un solo hombre con una sola mujer. A mi actual edad, ya avanzada, me sigue pareciendo indescifrable que existan otras.

TENSIONES

Este, por supuesto, no es un libro autobiográfico, pero la experiencia de un autor influye sobre su obra, y, en este caso particular, en gran manera, porque mi corazón fue en todo tiempo hipersensible a los sentimientos del amor humano. Por lo demás, no solo las prostitutas y los narcotraficantes regenerados tienen derecho a ofrecer testimonios en libros cristianos. Apenas superado mi primer brote de acné, unos enormes ojos negros me engulleron como quásares y en sus cósmicas profundidades fui adiestrado para el sufrimiento. Nada en mi existencia de altibajos y contrastes ha producido más ansiedad y congoja que las relaciones sentimentales. Aventuras azarosas y a veces decepcionantes dejaron pronto un sello de desconfianza en mi conducta frente a las mujeres. El temor a la desesperanza hizo de mí un amador desconfiado, capaz de desarrollar relaciones traumáticas. Soren Kierkegaard había ya tocado las fibras sensibles de mi ser con su *Diario de un Seductor*, en cuyas páginas descubrí la tensión entre una mente escéptica y un corazón religioso, propia de mi carácter.

Uno de los episodios más peligrosos de mi vida sucedió en un pueblo del sur de Colombia; allí don Juan Tenorio, de Zorrilla, estuvo a punto de escenificar a través de mí uno de sus más truculentos actos: la seducción de doña Inés. Yo había adquirido destreza para el baloncesto y una comunidad de clausura me pidió enseñar a sus alumnas aquel deporte. Una de las religiosas, dos o tres años mayor que yo, era mujer de perturbadora belleza. Después de la instrucción, aquella joven me conducía a una pequeña sala donde tomábamos algún refresco; se sentaba a mi lado, rozándome con sus almidonados hábitos, y me hacía preguntas ingenuas: ¿Tienes novia? ¿Te gustan rubias o morenas? Nuestras intensas miradas delataban una mutua y cálida atracción. Un día, sin decirle una palabra, estuve a punto de besarla, contacto que habría sido la chispa de un incendio. Mi conciencia guardaba, subterráneo, un gran respeto por lo sagrado; aquella monja para mi representaba la pureza, y me alejé para siempre de ese sitio donde Satanás había montado sofisticada trampa para cazar mi alma. Experimenté a partir de aquel día dos contrarios sentimientos: por una parte, mi moral intrínseca me congratulaba por la victoria sobre la tentación; por otra, la naturaleza carnal protestaba por la frustración de sus deseos. Hoy comprendo por qué San Pablo recomienda a los siervos de Dios:

> «A los solteros y a las viudas les digo que sería mejor que se quedaran como yo. Pero si no pueden dominarse, que se casen, porque es preferible casarse que quemarse de pasión» (1 Corintios 7:8-9).

Respeto con reverencia a quienes se someten voluntariamente al celibato; yo no sería capaz de hacerlo. Después de aquel episodio, me enamoré de los poemas de otra monja, la mejicana sor Juana Inés de la Cruz, quien por cierto vapulea al sexo masculino con sus Redondillas:

> «Hombres necios que acusáis
> A la mujer sin razón,
> Sin ver que sois la ocasión
> De lo mismo que culpáis».

En aquel tiempo, muchas mujeres decidían dedicarse a la vida conventual después de sufrir dolorosos traumas sentimentales, los corazones decepcionados del amor humano buscaban así en el Divino su definitiva

Introducción

realización. Por otra parte, como lo ha dicho Andrés Eloy Blanco, «hay monjas que son monjas porque son feas». No fue tal el caso de sor Juana Inés.

CELIBATO

El celibato, excusadas las indudables buenas intenciones de sus patrocinadores, es una herencia de los viejos gnósticos y el platonismo, que leudaron la masa de la iglesia cristiana en sus comienzos al exaltar el alma y menospreciar el cuerpo, colocándolos en oposición como vehículos antagónicos del bien y el mal, en vez de reconocer en ellos, como la Biblia lo hace, instrumentos de expresión del ser humano, que es un espíritu en esencia, pero un ente psico-somático en subsistencia. Guiados por tales ideas, algunos padres de la iglesia llegaron a extremos inimaginables: Orígenes se autocastró para ahorrarse tentaciones. Jerónimo, por su parte, confesó que las mujeres devotas, si eran bellas, lo torturaban mentalmente:

> «A menudo me imaginé entre bandadas de muchachas: tenía la cara pálida de hambre, los labios helados, pero mi mente ardía de deseo, y los fuegos de la lascivia se elevaban ante mí a pesar de que mi carne estaba como muerta».[2]

---

2. San Jerónimo, *Carta a Agustín de Hipona*, Citado por Jonson Paul, *La historia del cristianismo*, Javier Vergara Editor, S.A. 1989, pág. 131.

Las famosas tentaciones del traductor de la Vulgata, al igual que las de Antonio el Ermitaño, inspiraron a algunos maestros del arte pictórico. Agustín, quien se convirtió al cristianismo después de un apasionado concubinato, pasó de maniqueo a ascético bajo la influencia de Ambrosio y transmitió una visión condenatoria del sexo. Por contraste, Pablo en sus cartas pastorales, dirigidas a Timoteo y Tito, recomienda encarecidamente el matrimonio de obispos y diáconos y califica como «doctrina de demonios» el prohibir casarse. Del propio Pablo no se supo, al fin de cuentas, si era soltero o viudo, o si su esposa lo abandonó al hacerse cristiano; es seguro que permaneció sin mujer los últimos años de su vida y que exaltó a quienes, teniendo el don excepcional de la continencia se ocupan exclusivamente de las cosas espirituales:

> «Yo preferiría que estuvieran libres de preocupaciones. El soltero se preocupa de las cosas del Señor y de cómo agradarlo. Pero el casado se preocupa de las cosas de este mundo y de cómo agradar a su esposa» (1 Corintios 7:32-33).

En la historia ha habido gente menos resignada; por ejemplo, el gran dialéctico francés Pedro Abelardo, famoso por su defensa del conceptualismo pero más por sus amores clandestinos con la monja Eloísa, a quien desposó secretamente después del nacimiento de su hijo. Muy triste fue su destino teológico, pues sus doctrinas fueron condenadas por la iglesia oficial;

Introducción

pero más deprimente su final como hombre, recluído en cierto convento a orillas del río Sena, después de ser castrado por sicarios que contratara el canónigo Fulberto, tío de la desventurada Eloísa. Por otra parte, los votos de castidad propios del celibato traen graves trastornos a quienes no poseen el raro don de la continencia, porque el sincero deseo de permanecerles fieles, los lleva a prácticas dolorosas como el uso de instrumentos de cilicio para someter el instinto, en un auto-sadomasoquismo antierótico.

En el contexto bíblico, el celibato es opcional y no obligatorio, ni siquiera recomendable; y en el campo católico-romano el próximo papa deberá bajarle volumen a esta drástica imposición, hoy más cuestionada que nunca por los escándalos sexuales de algunos sacerdotes. Existen incluso, asociaciones de ex-religiosos de ambos sexos —ayer curas y monjas— que han contraído matrimonio tras dispensarse de votos y hoy reclaman la abolición del celibato. Muchas cosas han cambiado desde cuando los periodistas italianos Norberto Valentini y Clara Di Meglio divulgaran, hace más de veinte años, *El Sexo en el Confesionario*, libro trascrito de grabaciones realizadas en templos católicos durante el sacramento de la penitencia.

DESOLACIÓN

¡Oh, el erotismo! Ciertamente, como lo expresara Jeremías, el corazón es engañoso y perverso y nadie lo puede conocer. Una relación sentimental que parecía estable se vino a pique, cuando ya florecía mi juventud. No recuerdo haber vivido período más desolado. No se en qué momento ni entiendo por qué razón la estructura que soportaba mi confianza en la vida se derrumbó con estrépito. Los mismos labios que, horas antes, subrayaban frases de amor con lápices de besos, tildaban intempestivamente su rechazo con desdeñosos mohines; y fui un Hirohito, incrédulo y perplejo, frente a los escombros de Hiroshima.

Como secuela del holocausto interior, tuve mi primer contacto con la idea foránea del suicidio. ¿Era yo un surrealista en la realidad o un ente real de lo subreal? No sabría definirlo. Andaba sobre la tierra como un robot, realizaba mis trabajos mecánicamente, sin inspiración ni sentimiento. Parecía un ebrio continuo, alguien escapado de otra dimensión, un convidado de piedra en toda parte. Siempre como ausente, sonámbulo, ingrávido. Una especie de Adán en obra negra, sin el terminado del espíritu. Sufría con el sufrimiento de los árboles talados, que sangran sus resinas pero no tienen bocas para gritar. ¿A cuántos jóvenes les pasa hoy eso mismo? Fue aquel, como consecuencia, el único periodo de mi vida en que frecuenté «casas de citas», nombre que se da en Colombia a los burdeles elegantes. Puedo afirmar, sin concesiones a la prostitución, que muchas de las mujeres que a ella se dedican, lo hacen impulsadas por sentimientos heridos o por necesidades económicas; no todas son intencionalmente malvadas, según se cree por lo común. Aquí, de nuevo, sor Juana Inés:

Introducción

> «Y ¿quién es más de culpar,
> aunque cualquiera mal haga:
> la que peca por la paga
> o el que paga por pecar?»

En las historias de las que hoy se llaman orgullosamente «trabajadoras sexuales» son repetitivos los casos de violación, incesto, abandono, rechazo, padres degenerados, madres promiscuas y, también, la imposibilidad de conseguir el pan para sus hijos mediante un trabajo honorable regularmente remunerado. Casi todas son corazones sensibles, capaces de transformar su conducta si alguien les imparte el amor de Dios. Jesucristo, el gran amigo de los pecadores, escandalizó a las élites de su tiempo con esta declaración:

> «... Les aseguro que los recaudadores de impuestos y las prostitutas van delante de ustedes hacia el reino de Dios. Porque Juan fue enviado a ustedes a señalarles el camino de la justicia, y no le creyeron. E incluso después de ver esto, ustedes no se arrepintieron para creerle» (Mateo 21:31,32).

Algo es seguro: el cielo está lleno de prostitutas y ladrones regenerados; el infierno, de damas y caballeros que nunca adulteraron ni robaron, pero fueron incapaces de doblegar su orgullo para ponerse de rodillas ante Dios. Por ese tiempo, un accidente sentimental en el que casi pierdo la vida en las curvas de un cuerpo tortuoso me redujo a parálisis anímica y convirtió mi corazón en una silla de ruedas. Bajo tales circunstancias ingresé al servicio militar como soldado raso, pues no vi al cuartel como una cárcel sino como un refugio. Por fin había a donde llegar, no un puerto en tierra firme sino un atolón en mitad del océano, meta no buscada ni deseable, pero real. Cualquiera otra opción me habría servido igualmente: el hospital, el frenocomio, la guerrilla, un monasterio. Todo, menos otra mujer.

EVASIÓN

¡Ay, el erotismo! Al vestir nuevamente traje civil, mi cándido corazón, sin ser oído en juicio, fue sentenciado a la horca en la soga de una rubia cabellera; y, para abreviar, durante mi juventud fui protagonista de idilios fugaces, de facilismo erótico, adecuados, según creía, a mis necesidades sentimentales. No fui propiamente un picaflor, gracias a mi estructural tendencia a la monogamia; pero durante aquella etapa mi corazón no fue capturado en absoluto. Manejaba más o menos a voluntad una especie de interruptor eléctrico emocional que me permitía desconectarme de cualquier relación que amenazara causarme daño. Con el tiempo he sabido que aquel mecanismo de defensa personal causó heridas a mujeres que me amaban. Un pecado que he confesado a Dios, arrepentido de haberme prestado al juego del engañador.

El hecho de que mi novia oficial fuese la mujer maravilla —así la llamaban— no obstaculizó el que yo intentara un devaneo con cierta adolescente que resultó ser miembro de la única iglesia evangélica existente en una ciudad provinciana, lo cual explicaba la resistencia que levantó a mi asedio. Para mí era un enigma el que una persona se negara a tener relaciones sexuales argumentando razones bíblicas. Doy gracias a Dios por las lecciones que algunas veces me dio a través de damas virtuosas, sometidas a su Palabra. En una época de grandes conflictos nacionales y personales, me aficioné a consultar personas que practicaban la adivinación, especialmente una mentalista negra cuyos vaticinios eran tan alentadores como costosos sus servicios. Una hija suya, de estampa eritrea, llegó a ser voluptuosa obsesión para mí. Pero el asedio de Dios sobre mi vida era ya tan patente, que a la hora de concretar mis pretensiones a la espigada joven, recibí esta austera negativa: «Don Darío, sepa usted que yo soy cristiana y, por lo tanto, le exijo respeto».

Al parecer, meses antes de morir su madre, pudo conducirla a los pies de Jesucristo. ¡Dios la bendiga por eso!

La mujer maravilla era en verdad maravillosa. Escultural figura, ojos agarenos, mucha clase, lindo carácter. Sin darme cuenta, alcancé a fijar fecha para «fijar fecha» de un posible compromiso. Mas, de pronto, como despertando de una catalepsia, decidí no comprometerme a «comprometerme», e impulsado por mi entrañable pánico al matrimonio, puse pies en polvorosa. Gracias a mi Amo y Redentor, ya en plena madurez y después de mi conversión al cristianismo, recibí el regalo de una mujer incomparable, que ha sosegado las antiguas arritmias de mi corazón.

TENTACIÓN

En el ejercicio del ministerio religioso se camina a veces al filo de la navaja. La tentación visita las oficinas pastorales con varios disfraces: las jóvenes que buscan en el líder una imagen paternal sustituta y muestran síntomas del complejo de Electra, equivalente femenino del masculino de Edipo. O bien, las casadas con carencias dentro del matrimonio que sienten cierta atracción por un varón que ejerza la autoridad espiritual y a quien idealizan como amante. No se desconozca que los demonios trabajan muy activamente en el campo de las relaciones sexuales, especialmente cuando se trata de personas consagradas al ministerio eclesiástico. Kurt Koch relata el caso de una muchacha afectada por fuerzas de tinieblas cuya mayor afición era seducir pastores. Un día, en un campamento cristiano, al finalizar una sesión de consejería, cuando el joven pastor que la atendía puso las manos sobre ella, recibió un choque eléctrico y sintió que se hundía en el abismo. El grito que lanzó atrajo al lugar a la esposa de aquel joven y un grupo de predicadores, quienes lograron que la víctima de semejante manifestación volviera en sí.

«Entonces la muchacha le miró con una expresión maligna y dijo: ¿Sabe usted ahora quién soy? Otros castillos he derribado antes que usted. La joven confesó que había conseguido seducir a un bien conocido y respetado obrero cristiano. Había empezado hablando con él de

Introducción

asuntos teológicos, pero finalmente consiguió hacerle cometer adulterio»[3]

Satanás es experto en trampas para ministros cristianos y, por eso, ningún pastor debe creerse inmune a la atracción de una mujer hermosa. Hay casos en los cuales, ante su cercanía, uno se siente a años luz de la santidad; pero aun al borde del abismo, funciona el freno de la voluntad. En ocasiones es necesario salir corriendo como el mismísimo José en Egipto. Personalmente he sido por igual acosado y tentado, pero el amor de Dios me amparó en ambos casos. La lectura bíblica, la oración y el ayuno permiten que se mire a las mujeres con ojos de pastor, que son de hijo, hermano, padre o abuelo, según el caso, apropiándose en todos del auto-pacto que Job suscribiera hace algunos milenios:

«Yo había convenido con mis ojos no mirar con lujuria a ninguna mujer» (Job 31:1).

Y, por cierto, en mi iglesia la consejería sobre asuntos sexuales no es ofrecida por hombres para mujeres ni por mujeres para hombres. Aprendí de niño, entre muchos, este refrán de mi abuela:

«Entre santa y santo
Pared de calicanto».

---

3. Kurt E. Koch, *El diccionario del diablo*, Libros CLIE, 1987, pág 118.

La ordenación al ministerio cristiano no garantiza que al nuevo reverendo dejen de gustarle las mujeres. Sigue siendo un hombre. Billy Graham, ejemplar en muchas cosas, ha sido muy cuidadoso al respecto. Cuando lo entrevistó Larry King con motivo del escándalo Clinton-Lewinsky, afirmó que nunca había tomado el «lunch» solo con su secretaria y que en los elevadores prefirió siempre apearse si debía ir a solas con una mujer. Los dirigentes espirituales que se ufanan de no pasar jamás por tentaciones —de sexo, dinero, etc.— son seres mentirosos o anormales que, en el momento menos pensado, caen con estrépito, precisamente por falta de un entrenamiento en la ardua disciplina de la santidad.

Arribé al evangelio después de una tormentosa travesía de tres décadas por los medios de comunicación y la política, actividades —ambas— en las cuales el tema propio de este libro tiene escenarios bien reconocidos. Por lo tanto, la decisión de escribir las páginas que el lector tiene en sus manos nace de experiencias personales directas fuera y dentro de la fe bíblica, lecturas de autodidacta sobre temas de sexualidad, charlas pastorales, algunas encuestas informales y testimonios de personas que buscaron la consejería espiritual en medio de problemas relacionados con el sexo. La iglesia cristiana no puede permanecer indiferente ante la sexualidad humana y sus implicaciones. Por no haber promovido —sino prohibido— la lectura del tierno Cantar de los Cantares judeo-cristiano la gente busca inspiración en el truculento Kamasutra hinduista.

Introducción

FLAUTAS Y SERPIENTES

En la civilización antediluviana —guiada por ángeles caídos, es decir, siervos de la serpiente antigua que se llama diablo y Satanás— hubo un consagrado flautista por nombre Jubal. En una época posterior, también sicalíptica, la mitología reinterpretó a este personaje en el mito del dios Pan, un monstruo con patas de castor y cuernos en la frente, cómplice de los sátiros en sus desórdenes lascivos. Los antropólogos informan que en algunas zonas de África las mujeres nativas rechazan que se las bese en la boca, porque han visto que la gran serpiente humedece a su víctima con los labios antes de empezar a devorarla. En la India, el flautista hace bailar a las bayaderas y a las cobras por igual. Mozart, en *La Flauta Mágica*, destila un erotismo evanescente. Guillermo Valencia, en su poema *Las dos cabezas*, describe a Salomé, cuando danza ante el lascivo tetrarca de Galilea,

>«con un aire maligno
>de mujer y serpiente».

El poeta nadaísta Gonzalo Arango escribió *Sexo y Saxofón*. (Obsérvese que el saxo no es más que una flauta sofisticada). Hace algunos años circuló un póster que daba escalofríos: en él, un exuberante cuerpo femenino, el de la actriz Natasha Kinsky, yacía desnudo, abrazado por una gran serpiente, con el rostro tenso por un rictus lascivo. Estos, e incontables ejemplos más, muestran una conexión enigmática serpiente-flauta-sexo a través de la historia humana.

Ahora bien, yo no estoy seguro de si una culebra conversó realmente con Eva en el Edén; pero sí estoy seguro que culebra en simbología bíblica significa Satanás y creo, sin necesidad de raciocinios ni argumentos, que Eva de algún modo habló con Satanás y que de esa conversación el ser humano se precipitó al abismo. La Biblia de Ferrara transmite dialectalmente la disculpa de la madre de todos los vivientes ante Dios:

«El culebro me sombayó» (Génesis 3:l3b).

Pero la serpiente no produjo la actividad sexual, como muchos afirman, sino la desvirtuó, tiempos después de que Adán y Eva la practicaran —tras la caída sí, pero legítimamente— por primera vez. Esa misma serpiente, disfrazada por mil artimañas, se arrastra sinuosa sobre la piel redonda de la tierra en esta antesala del Apocalipsis, ante los ojos de una iglesia que parece hipnotizada por el chasquido de sus crótalos. En mi provincia natal la gente es lenta en el hablar y en el actuar. Un popular chiste lo ilustra así: Dos campesinos descansan de sus labores recostados a la sombra de un árbol cuando reverbera el sol del mediodía. De pronto, el sopor se interrumpe con este diálogo:

—Compadre, ¿usted sabe qué es bueno para la picadura de culebra cascabel?

—No, compadre, ¿por qué?

—Porque viene una derecho hacia nosotros.

Algunos dirigentes eclesiáticos, aferrados al *stablishment,* parecieran creer que no es necesario esquivar el

Introducción

mordisco de la serpiente si, después de producido, se puede inyectar un suero antiofídico. Dicho a lo pentecostal: Que haya la posesión para justificar la liberación.

Por otra parte, cierta santurronería larvada que se camufla en los templos ha propiciado mitos y tabúes que obstaculizan el adecuado tratamiento de este vital asunto, pese a los plausibles ensayos de especialistas cristianos que pusieron, como suele decirse, el dedo en la llaga, pero han sido rechazados o desatendidos tanto por los patrocinadores del libertinaje sexual en las iglesias, como por quienes pregonan que Dios dotó al hombre de hormonas para después prohibirle usarlas.

No pretendo igualar los tratados de Josh Mc Dowell, James Dobson, Tim la Haye, Neil Anderson, Ed y Gaye Wheat, y otros dedicados maestros. Mi esfuerzo es, más bien, complementario de trabajos tan minuciosos y sistemáticos. Soy comunicador y, por ende, observador. Mi función dentro de la iglesia es la de un vigía que se limita a informar, desde su mirador, lo que otean sus ojos avizores, a veces dotados de anteojos largavistas. He orado para que el Espíritu Santo me suministre su colirio fresco.

1

Bajo el signo de Eros

*«El amor, en el sentido primitivo de la palabra,
es el instinto sexual guiado por el cerebro,
órgano del alma».*

Augusto Forel

Un vistazo —u orejazo— a los medios de comunicación permite concluir, bajo el reflector y sin reflexión, que vivimos en una sociedad hiperfreudiana. El sexo es todo y todo es el sexo. Ensayemos un resumen de noticias emitidas por diversos medios de comunicación, tanto impresos como radiales y televisados, en los años que han servido de pasadizo de un siglo a otro, del viejo milenio al nuevo.

El «rey» Pelé se confiesa con la revista *Playboy* y revela, sonriente, su iniciación erótica como homosexual. La barra aplaude el autogol. El cineasta Woody

Allen concurre a los tribunales, acusado de incesto con su hijastra. El cantante pop Michael Jackson negocia tras bastidores, en dólares contantes y sonantes, el desistimiento de una denuncia en su contra por abuso sexual de un niño. Su homólogo español Miguel Bosé ofende la maternidad con una fotografía publicitaria en la cual, quien ya usara faldas ante el público, luce embarazado en la promoción de un disco de rótulo inquietante: *Bajo el signo de Caín*. Como queda dicho, fueron precisamente los cainitas los pioneros de las aberraciones sexuales sobre la tierra. Paulina Rubio confiesa ante Don Francisco que ella alimenta una fantasía sexual con Madona. El animador Jaime Bailey se besa apasionadamente ante las cámaras con un amante del mismo sexo. La muy aplaudida tenista Martina Navratilova entabla juicio contra su mujer por separación de cuerpos y de bienes. ¡Ace! En Italia, la Cicciolina, artista porno, es elegida al mismo senado que, en tiempos del corrupto imperio, no daba asiento a las Mesalinas sino a los Cicerones. La princesa protestante Diana y su amante musulmán Al Fayed son capturados por la muerte en un oscuro túnel de la Ciudad Luz. Ted Kennedy anuncia a bombos y platillos su apoyo legislativo a la agenda *gay*. Otro senador norteamericano es despojado de su investidura por acoso sexual a las secretarias. La Casa Blanca adopta un tono gris pues se ha practicado sexo oral en la oficina oval.

Famosos pastores, actores del púlpito, estrellas de un televangelismo de sueño americano, son sorprendidos en adulterios. La Iglesia Católica paga miles de millones de dólares para indemnizar a víctimas de lujurias cometidas por miembros del clero, no pocos de ellos violadores de niños. Las beatas mejicanas, devotas de la virgen de Guadalupe y su mítico Juan Diego, se santiguan ante las escenas eróticas de *El Crimen del Padre Amaro*, adaptación cinematográfica de la novela del mismo nombre del portugués Eça de Queiroz. En Austria e Inglaterra los gobiernos se enredan en las faldas de amantes presidenciales y ministeriales. En Brasil, una garota de carnaval pone al desnudo las debilidades del franco presidente, que es el presidente Franco. En Argentina los «Niños de Dios» van a la cárcel a causa de su apostolado sexual. En una estación policial de Bogotá una niña es violada y ahorcada salvajemente. La reputada industria norteamericana lanza al mercado su última invención: el video-juego erótico. Cierta dama ecuatoriana corta a cuchillo limpio el miembro viril de su marido, un sádico excombatiente de Vietnam.

Magic Johnson, astro de primera magnitud del baloncesto, se apaga bajo el VIH. Las vitrinas de los prostíbulos de Amsterdam exhiben maniquíes de carne y hueso en total desnudez. Madonna luce en sus videos como una cínica vestal del diablo que practica prostitución sagrada. En la película de Robert Redford *Una propuesta indecente*, el marido arruinado alquila a su esposa en un millón de dólares, por una mera noche, a fin de salir de deudas. La aseñorada Cartagena de Indias, patrimonio histórico de la humanidad, justifica el lema de «Ciudad Heroica»: En su bahía atraca el barco ebrio de Rimbaud, repleto de piratas *gays* en marítima y colectiva luna de miel.

El infanticidio apodado aborto alcanza cifras espeluznantes. Los comerciales sobre condones no son instructivos sino inductivos; peor aún, corruptivos. Pero no garantizan nada; ni los de látex ni los de cordero son del todo confiables. Y la peste avanza… Las memorias de Casanova se reducen a juegos de niños ante esta avalancha de incontenible descaro pornográfico. La televisión exhibe cine rojo en horarios para menores. Masoc y Sade han firmado su alianza con sangre. Satanás aplaude bajo las camas. Y, entre tanto, muchos grupos religiosos practican cierto sadomasoquismo coceptual sobre estos temas. Vamos a las precisiones.

MASOQUISMO

Esta aberración deriva su nombre de Leopold von Sacher-Masoch, quien produjo, primero bajo seudónimos y finalmente con su propio nombre, obras de contenido erótico, entre otras, *Venus con Abrigo de Pieles* y *Las Maltratadoras de Hombres*, en las cuales muestra que, en su concepto, existe cierta misteriosa afinidad entre la crueldad y el placer lujurioso. Masoquista es el que disfruta que lo hagan esclavo a través del ejercicio sexual. La imagen del masoquista es plasmada por este autor como un maníaco que solo alcanza la felicidad a través del tormento. Por eso se enamora de su flagelador, de su atormentador, de quien lo hace gemir y sangrar. En el terreno espiritual hay ovejas masoquistas. Se dan mucho en las sectas.

SADISMO

Es la contraparte del masoquismo, pues para que haya un maltratado debe haber un maltratador. Esta penosa aberración deriva su nombre del marqués de Sade, un noble provenzal vinculado a la rama menor de la casa de Borbón, quien pasó varios años en diversas cárceles y, finalmente, murió en el manicomio de Charenton. Para este autor, quien vivió durante la era revolucionaria, la libertad es la facultad de dominar, sobre todo, las pasiones de los demás. Pretendía haber planteado una declaración universal de los derechos del erotismo, en la cual, la ley del libertinaje lo rige todo. Para esta mente perturbada la virtud es una desgracia porque llama sufrimiento a lo que, si ella no existiera, sería placer. ¿No hay, por ventura, pastores sádicos? En las sectas y en las iglesias abundan por igual.

SACRILEGIO

El escritor que más ampliamente ha desarrollado las tesis de Masoch y Sade es precisamente Georges Bataille, audaz y contumaz teórico de la materia, un filósofo minucioso pero apasionado, que considera lo lascivo necesariamente ligado al sacrilegio, pues advierte que no puede existir erotismo sin la noción del bien y del mal propia del cristianismo.[1]

---

1. Georges Bataille, *El erotismo*, Ed. Mateu, 1971.

Es lamentable que la cultura occidental, casi siempre reconocida como cristiana, haya entendido lo sexual como necesariamente pecaminoso. En el inconsciente colectivo yace inamovible la estereotipada imagen de Adán y Eva avergonzados por el acto sexual, lo cual es una hábil distorsión satánica del verdadero sentido del pecado original.

Como lo he señalado en *El Reto de Dios*,[2] el lector metódico de los primeros capítulos del Génesis, logrará conclusiones muy distintas, puesto que, en el progresismo de su creación, Dios creó todas las especies animales antes que al hombre y les dio la orden de multiplicarse (Génesis 1:20-22). Seguidamente, al aparecer el hombre sobre la tierra, recibe la misma orden terminante por parte del Creador:

> «Dios creó al ser humano a su imagen; lo creó a imagen de Dios. Hombre y mujer lo creó, y los bendijo con estas palabras: Sean fructíferos y multiplíquense» (Génesis 1:27-28ª).

Si al momento mismo de formar a la pareja humana, Dios ordena a Adán y Eva la reproducción, ¿cómo podría castigarlos después por cumplirla? Si el varón y la mujer tuvieron, desde un principio, estructuras anatómicas diferenciadas y acoplables en los órganos de reproducción, que son los mismos del sexo, es obvio deducir que este es el vehículo de aquella, puesto que

---

2. Darío Silva-Silva, *El reto de Dios*, Ed. Vida, 2000.

el hombre es un ser espiritual, pero simultáneamente, un animal. Hay quienes se aventuran en suposiciones más o menos originales o descabelladas, a través de las cuales parece estarse formando un nuevo mestizaje espiritual. Últimamente, por ejemplo, se habla de que los primeros padres podrían estar capacitados para producir clones, así como Eva misma fue tomada de un costado de su marido. Debido a la inminencia de la primera clonación humana, la secta de los raelianos ha dogmatizado que la vida de nuestra especie fue implantada en este planeta por unos extraterrestres —los Elohim—, precisamente mediante clonación. Es un abuso de redomada mala fe atribuirle al nombre Elohim acepción diferente a la dada por la Biblia misma, y que no es otra que la de un plural mayestático de Dios, como cuando, demos por caso, un papa, un obispo o un rey proclaman alguna bula o decreto con las palabras: Nos, Fulano de Tal, etc. La fórmula bíblica habla por sí misma en forma llana al expresar: «Dijo Elohim», pues es Uno Solo, y no «dijeron los Elohim», como si se tratara de varios. Sea como sea, la Biblia es muy clara en cuanto al pecado original, no importa si se toma literal o alegóricamente el relato del edén: querer ser como Dios por medio del conocimiento del bien y del mal.

>«Pero la serpiente le dijo a la mujer: ¡No es cierto, no van a morir! Dios sabe muy bien que, cuando coman de ese árbol, se les abrirán los ojos y llegarán a ser como Dios, conocedores del bien y del mal» (Génesis 3:4-5).

En conclusión, el acto sexual es consumado después de la caída, pero no constituye pecado, porque se realiza por la pareja humana que Dios ha bendecido y autorizado para ese fin. Y, por lo tanto, el erotismo como tal no encarna ninguna inclinación a la maldad, sino es simplemente la dotación psicosomática que Dios ha dado a la criatura humana para la cabal ejecución de sus planes de reproducción y deleite.

EROTISMO

Esta palabra, hoy insustituible, se puso de moda cuando el doctor Sigmund Freud rescató el simbolismo de las fábulas de la mitología grecorromana para crear su nomenclatura científica, ya universalmente aceptada, sobre los mecanismos de la sexualidad humana. Erotismo se deriva de Eros, el dios griego del amor, cuya equivalencia romana es Cupido. Se le representa bajo la figura de un niño alado, con una venda sobre los ojos, un carcaj a la espalda y un arco en la mano. Adorado principalmente en Citera, se dedicaba a disparar flechas al azar sobre los corazones desprevenidos, de donde ha nacido la popular excusa del flechazo. Muy significativo resulta el hecho de que el relato mitológico describa a Eros enamorado, precisamente, de Psiquis, ya que la parte psíquica del hombre juega papel preponderante en su desarrollo erótico.

Aunque subsisten y conviven dentro del cristianismo dicótomos y tricótomos, preferimos identificarnos con los últimos, pues la tricotomía define mejor la estructura del ser humano como trino y uno (espíritu, alma y cuerpo), a imagen y semejanza de su Creador, aunque bueno es reconocer que los dicótomos —para quienes el hombre es dual— aceptan en la parte inmaterial del mismo la presencia de dos componentes diferenciados: alma (*psiquis*) y espíritu (*pneuma*). San Pablo separa claramente al *psíquico* (literalmente animal) del *pneumático* (espiritual).

Llama la atención que los animales, en todas partes del mundo practiquen las relaciones sexuales sin odio ni recelos mientras el ser humano, dotado del soplo divino, ha hecho de tal ejercicio y su entorno la causa de las más graves perturbaciones de la paz personal y social, y el motor de las más degradantes transgresiones a las leyes de Dios. Por ser esencialmente «un espíritu rodeado de capas psicosomáticas», como bien lo expresara Víktor Frankl,[3] el ser humano ha desarrollado su capacidad erótica mucho más allá de un simple y mecánico ayuntamiento animal. Aún cerebros racionalistas han percibido esa verdad. Voltaire, por ejemplo, en su Diccionario Filosófico, dice que el hombre tiene la facultad de perfeccionar los atributos que posee y, en ese orden de ideas, ha idealizado el amor. Federico Nietzsche solía decir que los hombres son animales que hacen compromisos. Otros pensadores no religiosos, como Havelock Ellis, Heriberto Spencer, Mantegazza, etc. desarrollan líneas de pensamiento similares. El hombre es el único animal conciente de su sexualidad, por ser el único dotado

---

3. Viktor Frankl, *El hombre en busca del sentido último*, Ed. Paidós, 2000.

de razón para diferenciar el bien del mal, y capaz, por lo tanto, de actividades antinaturales, como orar.

Para nadie es un secreto que en la Biblia el amor, tal como lo codifica el banco de información evangélica, es mencionado pocas veces, a tiempo que el sexo muchísimas, y en los famosos romances escriturales (Jacob y Raquel y Cantar de los Cantares, para citar los más obvios) se percibe un fuerte contenido erótico. En tales relatos la mujer no es meramente una máquina de hacer hijos, sino también un instrumento conciente de placer sexual. Como el varón para ella.

INSTINTOS Y VALORES

El platonismo distinguía entre Eros mundano y Eros ideal, porque no se preocupaba de seres concretos sino de ideas abstractas. Cabalmente el Cristianismo, cuando aflora para redondearlo todo, corona el punto culminante al colocar los valores espirituales en el centro de la vida a fin de que ellos domestiquen los instintos, empezando por el sexual. Deplorablemente, al irrumpir un intruso llamado ascetismo en el seno de la iglesia, los gnósticos produjeron un mestizaje espiritual con la perniciosa idea de que todo lo corporal es necesariamente malo y, por lo tanto, el acto sexual era solo un mal necesario para la preservación de la especie, con lo cual se llegó a considerar el celibato como un estado superior; y aún cerebros tan selectos como el de Agustín de Hipona cayeron en la trampa de considerar al amor carnal como una maldición. Se convirtió casi en estribillo su cruda expresión:

> Inter foeces et urinam nascimur.
> (Nacemos entre excrementos y orines).

Cierto amor que pretendía ser estrictamente espiritual consideró innecesaria la posesión física del ser amado y tuvo su clímax en el culto a la virgen María. Una superstición acristiana —todavía creída por muchos a pie juntillas— institucionalizó el despropósito de que José y María celebraron su ceremonia matrimonial como una farsa pública para que Dios pudiera guardar las apariencias ante el humano qué dirán. Así las cosas, estos jóvenes judíos serían unos fenómenos incapaces de enamorarse; aunque, por cierto, José sintió celos muy reales por el misterioso embarazo de su mujer.

MESTIZAJE TEOLÓGICO

El cristianismo fue pronto invadido desde fuera de su propio ámbito ético-teológico por fuerzas contradictorias, muchas de ellas alterantes del genuino espíritu bíblico, que formaron quistes aún hoy resistentes a ser extirpados del seno de la iglesia. Algunos autores patrísticos utilizan a San Pablo como punto de apoyo, pero un análisis desapasionado permite demostrar que los escritos del apóstol no fueron rectamente comprendidos ni aplicados en todos los casos. El cristianismo gentil, que alardeaba de haberse emancipado de la ley mosaica, siguió, en varias materias, atado a ella, encauzando una tendencia perniciosa a hacer del evangelio una nueva ley. Gracias a la acción del

Espíritu Santo —no podía ser de otra manera— las enseñanzas de los apóstoles pudieron preservar su propio esencialismo, en medio de las conspicuas filosofías que plagaban el mundo en los primeros siglos de la era cristiana.

La teología más llamativa de entonces era el gnosticismo, de raíz oriental, que muy pronto y fácilmente tendría su mestizaje con el platonismo, por poseer este criterios dualistas afines a los suyos propios. El cristianismo greco-romano absorbió en buena parte la moralidad así forjada que, a la larga, le imprimió su impronta en cuanto a sexo y matrimonio se refiere. Durante siglos el inconciente colectivo cristiano ha cargado el pesado lastre de creer que el cuerpo material es tan solo el recipiente de las pasiones, la ignorancia y la debilidad, por oposición al alma, ente puro. La sexualidad, al expresarse corporalmente, es un ejercicio grosero en sí mismo; el estado superior del ser humano es el celibal, y el matrimonio, una concesión dada por la gracia de Dios al hombre solo para que la especie pueda multiplicarse.

Siempre que fuerzas encontradas luchan por imponerse dentro de la iglesia, surgen los extremismos. En aquel tiempo se formaron dos bandos irreconciliables: el primero, llamado radical, contaba con líderes latinos tan prominentes como Tertuliano e Hipólito, y sostenía que las Sagradas Escrituras eran un todo en sí mismas y no necesitaban tomar prestadas ideas de la filosofía griega para demostrar la verdad intrínseca de su mensaje. El propio Tertuliano, en su Prescripción contra Herejes, preguntaba airosamente:

> «¿Qué tienen en común el foro con la iglesia,
> Atenas con Jerusalén?».

El otro bando, conocido bajo el nombre de moderado, tenía en sus filas a figuras de tanto relieve como Clemente de Alejandría y su discípulo dilecto Orígenes, y valoraba positivamente la filosofía y la cultura griegas como instrumentos idóneos de sustentación de la doctrina cristiana.[4]

Para los moderados, el cuerpo humano es un fruto directo de la concupiscencia y, por eso, en él reside la naturaleza carnal con toda su podredumbre. Releer hoy a Orígenes resulta deprimente

> «Por el hecho de que uno se encuentre en el vientre de su madre y de tener un principio material de su cuerpo en el semen de su padre, uno ha de tenerse por contaminado a partir de su padre y de su madre... Mi Señor Jesús llegó a nacer sin pecado, ya que él no fue contaminado en su madre, pues entró en un cuerpo que no estaba manchado. Por esta causa (la presencia de la concupiscencia o pecado original en el semen) la Iglesia ha recibido de los apóstoles la tradición de bautizar a los niños».[5]

El bando radical, por su parte, se dio a combatir a la filosofía platónica y construyó una apologética de la creación material que incluye al cuerpo humano. Su

---

4. Justo L. González, *La era de los mártires*, Ed. Caribe, 1978.
5. José Vives, *Los padres de la iglesia*, Ed. Herder S.A., Barcelona, 1971. pág 253.

argumento básico sostiene que el verdadero recipiente de la naturaleza pecaminosa adánica es el alma, no el cuerpo, lo cual había sido dicho por el propio Jesús en varios pasajes evangélicos, entre ellos:

> «Porque de adentro, del corazón humano, salen los malos pensamientos, la inmoralidad sexual, los robos, los homicidios, los adulterios, la avaricia, la maldad, el engaño, el libertinaje, la envidia, la calumnia, la arrogancia y la necedad. Todos estos males vienen de adentro y contaminan a la persona» (Marcos 7:21-23).

El cuerpo humano es solo un vaso creado por Dios con la capacidad de originar otros similares a él, ya que el mandato de la reproducción había sido dado expresamente a la primera pareja humana en el edén y no es opcional sino de obligatorio cumplimiento. Tertuliano replicaba a los moderados que la concupiscencia es una obsesión que proviene del alma e intenta usar el vaso creado por Dios —el cuerpo— para sus fines pecaminosos. El deseo sexual es natural y bueno, porque fue creado por Dios mismo; la maldad está propiamente en la concupiscencia, que viene del alma y se empecina en convertir el placer sexual en instrumento de pecado.

En el siglo V, durante una polémica con Pelagio, el ya mencionado Agustín llegó a afirmar que el natural deseo sexual del ser humano y la concupiscencia son la misma cosa, nada menos que el fruto de la desobediencia del alma a Dios. Su línea de argumentación continuaba diciendo que, así como el alma le había desobedecido a Dios, después el cuerpo le desobedecía al alma por medio de la concupiscencia. Para este gran pensador, el hombre, antes de la caída, pudo haber practicado algún tipo de relación sexual sin líbido, solo por un imperativo de la voluntad. Al incrementarse la tendencia en favor del celibato dentro de la iglesia de los siglos II y III, se suscribieron documentos tan valiosos como las Homilías Clementinas, cuya autoría se le atribuye a Clemente de Roma, en el cual hay vivas exhortaciones en favor del matrimonio de jóvenes y aun de ancianos para dar cumplimiento al mandato del Génesis, y porque

> «para proteger la castidad es preciso que se casen todos».[6]

DISTORSIONES

Cuando yo era niño, la historia oficial católica enseñaba que la Reforma Protestante tuvo su origen en que un cura llamado Martín Lutero se había enamorado de una monja y, para poder casarse con ella, decidió abrir tolda aparte; y, también, porque el rey inglés Enrique VIII tenía amores con una muchacha llamada Ana Bolena, a espaldas de la reina, que era, nada menos, hija de los Reyes Católicos. Pasaron muchos años

---

6. E. Blackhouse y C. Tyler, *Historia de la iglesia primitiva*, Libros CLIE, Barcelona, 1986, Tomo II, pág. 297.

antes que se borrara de mi «disco duro» esa viciada información para codificar las auténticas causas y los desarrollos verdaderos de ese gran renacimiento espiritual. El nombre de Lutero ha sido reinvindicado incluso por sectores progresistas del catolicismo romano y ya su matrimonio no es objeto de críticas sino, más bien, de elogios por quienes estiman llegada la hora final del celibato obligatorio para dar paso al opcional y voluntario.

El caso de Enrique VIII debe analizarse en todo su rigor histórico, no bajo la lente comprometida de quienes distorsionan la verdad para defender sus causas. El deterioro de las relaciones entre la corona británica y el papado tuvo origen en la circunstancia de que el rey pidió al papa Clemente, en 1534, la nulidad de su matrimonio con Catalina de Aragón, bajo la causal de ser ella la viuda de su hermano Arturo, lo cual le ocasionaba tormentos de conciencia debido a su severa formación escolástica. (Sin desconocer los posteriores excesos del monarca, vale recordar que León X le había otorgado el título de Defensor de la Fe.) Pese a que el Vaticano, con anterioridad, había anulado matrimonios de nobles y poderosos bajo causales menos importantes, la petición del rey inglés no tuvo respuesta positiva en Roma, por hallarse esta condicionada políticamente a la poderosa familia de Catalina, tía del emperador Carlos V. La iglesia de Inglaterra se emancipó de Roma, no por apoyar al rey en sus desvíos, como se ha afirmado, sino por sentirse víctima de discriminación.

REFORMA SEXUAL

Los reformadores protestantes, con todo, se vieron obligados a reexaminar el tema de la sexualidad humana. Lutero definía al matrimonio como una especie de remedio para curar las plagas del concubinato y la fornicación que enfermaban a muchas personas dedicadas a la vida eclesiástica en su tiempo, con inevitable escándalo de la feligresía. Poco a poco, el genio alemán fue haciendo más flexible su concepción del tema, y ya en 1532 llegó a decir, en forma admirable, que el matrimonio es la base de la economía, la política y la religión. Es cierto que, en sus inicios reformistas había declarado que el derecho conyugal era un pecado que Dios no imputa a los esposos por pura misericordia; pero, en la evolución veloz de su pensamiento, resulta muy interesante su alegato de que la unión reproductiva está presente en toda la naturaleza uniendo a los animales con los animales, a las plantas con las plantas, a las piedras incluso y a los minerales en ellas. En su libro *De Sobremesa* califica a las partes sexuales como las más honestas y hermosas de todo el cuerpo humano, porque conservan la especie.[7]

Durante el estallido de la Reforma se desató con ella la emancipación de muchísimos sacerdotes, frailes y monjas de sus penosos votos de castidad, y este fenómeno, unido a la situación licenciosa que era ya crónica en Ginebra, obligó a Juan Calvino a poner en

---

7. Lucien Febvre, *Martín Lutero: un destino*, Tercera Parte, Numeral IV, pág. 255-257. Fondo de Cultura Económica de Colombia, México, 1956.

juego sus habilidades como hombre de estudio social; él produjo, entonces, una declaración de ruptura con la posición católica-romana en cuanto al celibato clerical. Es justo advertir que tal documento plantea un alto concepto del matrimonio; pues, aunque no lo reconoce como sacramento, habla de él como de una ordenación divinamente instituída que debe llevarse a cabo en la iglesia.

> «Calvino creía que antes de la caída el matrimonio tenía como propósito tan solo la procreación de hijos; pero después de la caída se hacía necesario también como un recurso contra la incontinencia de la naturaleza humana pecadora. De aquí que la relación del matrimonio sea una de las provisiones de la gracia común de Dios para la continuación de la raza y para una mejor ordenación de la sociedad».[8]

Es muy lamentable que la recuperación del genuino sentido del amor humano (amor integral en espíritu, alma y cuerpo), que debería ser inherente al pensamiento evangélico, se haya ocultado en el escenario de muchas iglesias —y son la mayoría— tras una careta de falsa santidad, prestándose al juego satánico que pretende desvirtuar el sagrado derecho al disfrute dado por Dios a la pareja humana. Por haber metido su cabeza de avestruz en la arena, la iglesia cristiana no se percató de fenómenos que, a lo largo del siglo

---

8. Jacob J. Hoogstra, *Juan Calvino, profeta contemporáneo*, Cap. XIII, pág. 237-38.

XX, le fueron robando espacio. Inessa Armand, amiga y partidaria de Lenin, recibió grandes ovaciones cuando pidió a grito herido que se incluyera el amor libre entre las reivindicaciones revolucionarias. Su voz fue escuchada incluso en el ámbito capitalista, donde las mujeres se desabrocharon con más velocidad que tras la Cortina de Hierro.

Disipar la espesa nube tóxica de ignorancia que hoy envuelve al pueblo cristiano en estas materias es un deber ineludible de quienes tienen a su cargo la orientación de vidas preciosas, muchas de ellas desdichadas a causa de la distorsión que los temas sexuales han sufrido en ese laberinto de espejos deformantes que es hoy, en buena medida, la llamada iglesia evangélica.

EL TEMPLO DEL ESPÍRITU

El cuerpo humano, templo del Espíritu Santo, ha sido reivindicado a partir del siglo XIX y durante todo el XX, después de milenios de ignorancia sobre el funcionamiento de la mayoría de sus órganos, entre ellos los sexuales. Por desgracia, los líderes del movimiento materialista extremaron las cosas hasta tratar de explicar todas las conductas humanas por simples mecanismos físicos; y así llegó a pregonarse que las reacciones de los púberes, caóticas y desenfrenadas, solo obedecían al natural deseo de la cópula sexual. Para esta gente, que tanto daño ha causado con sus disparates, los factores espirituales no existen, cuando el simple sentido común sabe que, precisamente en la pubertad, aquellos conquistan su definitivo desarrollo, en forma simultánea con el del cuerpo mismo. El hombre se completa física, psíquica y espiritualmente durante ese período, y el despertar sexual es una manifestación —importantísima pero no exclusiva— de tal culminación. Es fundamental que los jóvenes entiendan pronto lo dicho por Neil Anderson con su acostumbrada precisión de ingeniero:

> «Usted no existe para su cuerpo,
> sino que su cuerpo existe para usted».[9]

Los padres de la iglesia reconocieron algo que en los tiempos actuales muchos han olvidado o pasan por alto: la virginidad no es un hecho puramente anatómico, sino tiene, así mismo, connotaciones psicológicas muy fuertes. Hay vírgenes físicas que son verdaderas prostitutas psíquicas. Y espirituales, claro. Los niños y los jóvenes deben aprender, de la forma más fluida posible, que el amor no es solo un acto fisiológico y que, para practicar la actividad sexual, es necesaria una preparación adecuada que permita disfrutar a plenitud este gran regalo de Dios para el hombre. De lo contrario, seguirán siendo compradores compulsivos de los artículos que el erotismo perverso ofrece en las supertiendas de la pornografía propias de la sociedad de consumo.

---

9. Neil y Joanne Anderson, *Diariamente en Cristo*, Ed. Unilit, Miami, 1994.

No es fácil enseñarles continencia a los jóvenes, precisamente cuando sus hormonas genitales cargan el cerebro de corrientes eléctricas que lo hacen sensible a las impresiones propias del amor erótico. Con todo, no debe olvidarse que la prostitución fue organizada primitivamente para iniciar a los adolescentes en el comercio sexual, y que ese tipo de amor mercenario comporta riesgos evidentes: contagios de enfermedades incurables, alcohol y drogas, y otros factores que conducen al detrimento físico y la depresión. Quienes se habitúan a la compraventa sexual terminan por no amar a la persona que poseen, ni poseer a la persona que aman.

Significativo es el caso de Judá, tronco de los judíos, narrado en Génesis 38, a quien, por venganza, su nuera Tamar engañó disfrazándose de ramera para llevarlo al comercio incestuoso. Algunos argumentan que el patriarca fue víctima de una celada, pero ¿qué hacía Judá, siendo ya viudo, y aun si no hubiera sido casado, al acostarse con una ramera? De aquella unión nació Fares, también antepasado del Señor Jesús, según la carne. El amor de Dios es incomprensible.

Necesitamos con urgencia una reforma sexual que le permita a la iglesia cristiana salir de su parálisis teológica y encarar este asunto con objetividad y sin mojigatería, despojándose de los prejuicios acumulados en largos siglos de libre interpretación —más libertina que libre francamente— que ha originado grandes contradicciones en el análisis de tema tan delicado. El sexo es bueno y, a través de él, Dios ha delegado en el hombre parte de su capacidad creadora para generar nuevos seres, pero Dios reglamenta todo cuanto crea, y es salirse de sus reglamentos lo que hace que las cosas funcionen mal. Hay que aproximarse a la cruda realidad sexológica circundante con una gran dosis de objetividad y tolerancia. Rechazar simplemente la cultura pornográfica de nuestro tiempo no hará que las cosas cambien, sino contribuirá a agravarlas.

Hoy no existe nada radicalmente distinto a lo que ya se vivió en la civilización cainita, antes del diluvio; nada diferente a lo que acontecía en Sodoma, Babilonia, Egipto o Grecia; nada, en fin, que no se parezca a lo que Roma derrochaba cuando el Cristianismo hizo su irrupción en la historia. Lo que hoy es explícito en las revistas, el cine y la televisión ya fue tratado a espacio por Ovidio en su Arte Amatoria, Petronio en el Satiricón, Bocaccio en el Decamerón, o Aretino en sus Sonetos. Solo que hoy hay más corrupción porque hay más gente y se difunde con mayor rapidez y efectividad porque los medios son más numerosos, rápidos y efectivos.

En esta hora crucial, si la oración y el trabajo creativo se fortalecen, los efectos demoledores de la inmoralidad pueden contrarrestarse, sobre todo en este nuevo siglo cuando el hombre clama otra vez al Gran Quiensabe desde el abismo de su angustia. Condenar escuetamente los excesos lascivos de la sociedad posmoderna es actitud simplista e inefectiva. Hay que conocer lo que se combate para lograr la victoria. Redargüir es un verbo anticuado pero imprescindible para esta labor: significa propiamente atacar al adversario a base de sus propios argumentos o desde su particular perspectiva. La sexualidad se ha convertido en problema porque la hemos dejado en manos impuras, ajenas a las de la iglesia. Es perentorio recapturarla, así maltrecha como luce, para reconstruirla en su integridad original; pero hay que hacerlo sin falsos aspavientos de piedad y, sobre todo, con mucha compasión por los perdidos.

2

≫═── El desnudo al desnudo ──═≪

*«El único animal que se avergüenza de
su desnudez es el hombre».*

Leonardo da Vinci

Una de mis aficiones principales en viejos tiempos de hombre de mundo era coleccionar obras de arte y, con motivo de mi conversión al cristianismo, tuve grandes conflictos con personas que me ordenaban destruir pinturas, esculturas, porcelanas y otros objetos porque, en su ilustrado concepto, tenían connotaciones adversas a la Palabra de Dios, pues había en ella la prohibición terminante de hacer imágenes o semejanzas; además, no pocas de tales obras versaban sobre asuntos puramente ordinarios y sin ningún mensaje edificante. Como si faltara, de todas maneras, poseer tales elementos era un signo claro de orgullo.

Al iniciarse la década de los noventas, mi iglesia recibió una triple visita de bendición: coincidieron en ella, durante un seminario sobre perspectivas del cristianismo para el cercano siglo XXI, Peter Wagner, Bob Willhitte y Mel Coolley. Fue este último —inolvidable maestro de la Palabra— quien, cuando yo había vendido casi todos aquellos tesoros para pagar las deudas contraídas como empresario de televisión, al observar los pocos que aún quedaban en poder mío, me dijo: «Dios te ha permitido conservar estas cosas, no solo para embellecer un poco tu vivienda, sino porque muchos artistas y amigos del arte se interesan por Jesús y necesitan la salvación».

Como por un reflejo condicionado, pensé en Vincent van Gogh, quien quería ser misionero y pintor, pero fue obligado por un legalismo inconsecuente a renunciar a lo uno en aras de lo otro con las conocidas consecuencias. Tengo bien clara la enorme diferencia que separa al arte de la idolatría; y, también, demarcada la distancia que existe entre arte y pornografía. Hoy, desgraciadamente, se promueve la pornografía como arte, y existe un arte de la pornografía, una pornografía que pretende ser artística. En realidad vivimos la era porno, con cultura porno, con principios y valores porno, como la había detectado sagazmente Francis Shchaeffer:

«Los cristianos evangélicos tenemos la tendencia desafortunada de no escribir acerca de esta gente, la tendencia a no hacerles caso y así nos ahorramos el trabajo que cuesta comprender al hombre moderno porque, en realidad, estas personas son los filósofos de nuestros días. Nuestras cátedras de filosofía se hallan, en efecto, vacantes en gran número. La filosofía la escriben hoy los escritores pornográficos».[1]

Gentes de la pasada centuria comenzaron a desvestirse ante el respetable público en la primera posguerra cuando las bailarinas del can-can encandilaron los ojos lividinosos del contrahecho Tolousse-Lautrec. Sin embargo, había cierto discreto encanto de ropajes y movimientos en la «bella época». Las cosas subieron de tono en la segunda posguerra desde la aparición del bikini; a partir de los años cincuentas, con el auge del movimiento nudista, alcanzó niveles francamente escandalosos, y ha ido *in crescendo* hasta el punto de que ahora mismo, en pleno siglo veintiuno, la muy conservadora Santiago de Chile fue escenario de un destape multitudinario de personas de diferentes edades, razas y condiciones que anhelaban «inmortalizarse» en una fotografía para los Records Guiness.

De análoga manera, en la Pamplona de España una turba desenfrenada corrió desnuda por las calles para protestar por los sanfermines, que son, según estos corredores, una ofensa imperdonable a los sacros derechos del ganado vacuno. Algunos de los varones, por cierto, parecían toros, pues era fácil intuirles los cuernos sobre las frentes; y no pocas de las mujeres se asemejaban a vacas con sus ubres al aire y el resonar

---

[1] Francis A. Shaeffer, *Huyendo de la razón*, Ediciones Evangélicas Europeas, Barcelona, 1969, pág. 66-67.

de largos mugidos. En un viaje turístico Houston-Cancún, cuando el avión alcanzó cierta altura, el capitán autorizó a los pasajeros a desnudarse, pues ellos habían adquirido esa especie de nuevo derecho al comprar sus boletos. Menos mal no se les ocurrió incluir en el mismo contrato una cláusula que especificara el descenso de los compradores, desnudos y en paracaídas, sobre los predios de alguna guardería infantil.

Los argumentos a favor del desnudo son abundantes en los tiempos que corren. Veamos los principales por simple vía informativa. Se afirma que en la primera fase del cuaternario el hombre andaba totalmente desnudo y que, al sobrevenir la glaciación inicial, se vio obligado a vestirse, no por causa de la vergüenza, sino de la neumonía; y que, por lo tanto, la desnudez es el estado natural del hombre. Se ignora durante cuántos siglos o milenios Adán y Eva retozaron sin ropas por las arboledas del Edén, y solo se cubrieron cuando dejaron de ser puros, al comer aquella misteriosa baya.

Ortega y Gasset ha dicho que la cultura es todo lo artificial en el hombre; el traje, entonces, es un artificio, un elemento cultural, antinatural; y vestirse, una manera de ser falsos, de practicar la hipocresía, de ocultar la propia verdad física, según interpretan abusivamente al gran pensador español los defensores de la desfachatez corporal. La cultura, precisamente, es el factor que diferencia en forma indiscutible al hombre de los otros animales. Si el hombre es un ser culto, significa que ha sido capaz de mejorar la calidad de su vida, y la de los animales inferiores a él, a través de cosas que su propio ingenio ha ideado o descubierto. La rueda y el satélite son inalcanzables para un ser meramente zoológico. Por eso le son igualmente indiferentes.

Sin embargo, la cultura no ha llevado al hombre a Dios, sino que Dios ha llevado al hombre a la cultura. Toda la cultura existe eternamente en la Mente Creadora y el ser humano solo la descubre a trechos y retazos. Cuando había desnudez no había cultura; esta nació cabalmente cuando Dios, compadecido de la desnudez humana, inauguró la primera tienda de ropa que se ha conocido en la historia:

>«Dios el Señor hizo ropa de pieles para el hombre y su mujer, y los vistió» (Génesis 3:21).

ARTE Y DESNUDEZ

Quienes enarbolan la bandera de la desnudez defienden como lógica la inclinación de los artistas a representar desnudos a sus semejantes. Miguel Ángel afirma que el desnudo es lo esencial del arte; y así lo había comprendido siglos antes, al parecer, el anónimo grabador del primer desnudo femenino, que representa sobre un hueso plano a una mujer grávida, tendida bajo las patas de un reno, animal de sobrenaturales poderes para los habitantes de la región báltica. Los artistas paleolíticos no consideraban a la mujer un símbolo de belleza, sino de fecundidad, según se observa en varios centros rupestres.

En Cogul, Levante español, hay una danza en la cual las bailarinas exhiben senos como largas bolsas de grasa que les caen por debajo de la cintura. En Tassili, Sahara, una mujer lleva el rostro tapado y su prominente busto al desnudo. La «gran madre», diosa de los montes de Creta, aparece cubierta prolijamente hasta las uñas de los pies, pero sus glándulas mamarias están libres al aire. La civilización helénica nos legó una formidable estatuaria de la desnudez en sus representaciones de los inquilinos del Olimpo y sus alrededores, que encuentran en Friné a su máxima modelo y en Praxiteles a su más grande ejecutor.

Añaden los apologistas de esta pornografía ilustrada que, al aparecer los grandes maestros de la pintura, el cuerpo humano llevaba ya muchísimo tiempo a la intemperie. Con todo, es en el quinientos cuando el desnudo adquiere preponderancia artística, más que nada por sus implicaciones espirituales, ya que en dicho período la desnudez ofrece gráficamente ejemplos de sencillez, de humildad, de igualdad en Cristo; es inequívoca muestra de pecado, de arrepentimiento y testimonio del martirio por la fe. En cierto altar de Gante hallamos a Adán y Eva, de Jan van Dyck, crudamente avergonzados. En *El Pecado Original* del frontal de Segás en Solsona, Eva aparece como una mujer asexuada, al estilo de algunas modelitos de pasarela de hoy en día. Otro frontal del siglo XII, que se conserva en Barcelona, muestra a Santa Julita estilizadamente desnuda. Hay también una Santa Margarita de senos insinuados. En el panel lateral del altar de los santos Pedro y Pablo en Toses un alma suplicante es representada desnuda.

Llegó a ser tan grande la obsesión de aquella época por la desnudez que Miguel Ángel prescindió totalmente del paisaje para recrear sus pinceles en la riqueza del cuerpo humano, lo cual realiza de manera inimitable. La Capilla Sixtina, allí donde oficia el mismísimo papa, está invadida de sus colosales desnudos, entre los cuales se destaca, naturalmente, el de la cúpula, en el que la virgen María tiene estampa de diosa pagana, con un mórbido cuerpo que irradia poderosa fuerza biológica. Otros pintores prestaron su concurso en calidad de ilustradores a importantes libros anatómicos, como lo hiciera Tiziano con el de Vesalio, y Veronés con el de De Musis. El médico personal del papa Paulo IV editó, por encargo del pontífice, una obra clásica en la historia de la medicina, ilustrada por Gaspar de Becerra con elocuentes desnudos.

CIENCIA DE LA FORMA

En nuestra época de arte depreciado se alude al grupo de los grandes pintores de desnudos solo para justificar el creciente desnudismo pornográfico. En ese afán todos memorizan nombres ilustres que durante décadas fueron ignorados: Tiziano el idealista, Rubens el exacto, Renbrandt el potente, Renoir el profundo; el fuerte y decisivo trío español formado por Velásquez, el Greco y Goya, y el triángulo de oro itálico de Miguel Ángel, Rafael y da Vinci. Sin olvidar a Boticcelli, Tintoreto y Corregio. En cuanto a los modernos y sus precursores —observan estos comentaristas— sus obras no se limitan al retrato de los atributos físicos, sino que exploran el subconsciente: Van

Gogh, Cezanne, Picasso mismo con sus Señoritas de Avignon, todo el ejército de los nabis, fauves, cubistas, surrealistas, expresionistas, dadaístas, y hasta el mismísimo Chagall, muestran un deseo incontenible de apoderarse de la esencia humana a través de la carne, aunque a veces lo hagan mediante fórmulas de pura abstracción.

Un examen pormenorizado de desnudos pictóricos y escultóricos demuestra que fueron los italianos los más consagrados en la materia y, entre ellos, el mayor es Miguel Ángel, quien plasmó las pasiones humanas en cuerpos maravillosos. El propio Leonardo llamó a la pintura «la ciencia de la forma». Se recuerda que Giorgione pintó la primera mujer desnuda tendida, para lo cual tomó como modelo a su amante Cecilia. *Las Tres Gracias*, de Rafael, eleva a la categoría de madona a la mujer desnuda. Tiziano representó el mayor número de detalles anatómicos en su Venus de Urbino.

Hay mucha cátedra sobre este asunto en el mundo impúdico de hoy; y, claro, un cristiano tiene derecho a conocer la historia del arte y a dedicarse a él, si tiene vocación para hacerlo. Yo he percibido, donde otros solo ven perfección, detalles toscos y decepcionantes: Van Gogh presenta epidermis ásperas como lijas; Toulouse-Lautrec, desnudos flácidos; las mujeres de Braque tienen la piel verde, las de Munch los vientres de un amarillo subido, y las de Modigliani cutis de enfermas de rociola. Lo digo con todo respeto por tan grandes artistas.

Entre las pocas obras de arte que conservo de mis antiguos tesoros de compulsivo coleccionista hay tres discretos desnudos: *Oración de la niña*, acuarela de Omar Gordillo, en la cual una linda pequeñita con los ojos cerrados y las manos trenzadas en actitud suplicante, eleva una plegaria. Su verdadera desnudez es la del alma. Orar es desnudarse ante Dios. En segundo lugar, *La Casta Susana*, un óleo anónimo renacentista de estilo rafaelino, que muestra el baño de una hermosa mujer, cuyo cuerpo refleja inocencia y pureza, mientras dos rostros masculinos de expresión lasciva la espían a hurtadillas. Representa pictóricamente la popular historia del mismo nombre contenida en uno de los libros hebreos apócrifos, el II de Daniel.

Finalmente, *La Oración del Periodista*, obra del escultor indígena Emiro Garzón, que representa a un hombre desnudo y de rodillas, encorvando sobre una máquina de escribir; su aspecto y posición son de un gran feto de músculos, cartílagos y nervios al descubierto, pues todavía la piel no se le ha formado. La idea que transmite es muy directa: ese hombre, el periodista, escribe en su máquina la Buena Noticia y, al tiempo que lo hace, él mismo se va transformando en la nueva criatura. Jamás he pensado que las artes plásticas sean pecaminosas en sí mismas, solo cuando los idólatras las convierten en objeto de culto, o cuando el propio mensaje que ellas contienen es un llamado a los bajos instintos.

LA VERDAD DESNUDA

Ciertamente el desnudo hace presencia en el arte a través de todas las épocas y escuelas; y no exclusivamente en la pintura y la escultura, en las cuales su influencia es tan predominante, sino en la poesía, que nos ofrece muestras cuya enumeración sería interminable. Juan Ramón Jiménez, para citar un caso, exclama en la antesala de su luna de miel:

> «Poesía desnuda
> Mía para siempre».

Mujeres sin ropa transitan por la mayoría de las obras maestras de la literatura, pero las más audaces pueden hallarse en Moravia y Zolá. La música también tiene desnudeces. En Tristán e Isolda, de Wagner, para citar un popular ejemplo, hay pasajes que son auténticos desnudos sonoros. No podemos acercarnos a las inquietudes de una sociedad intoxicada de erotismo y educada para creer que el arte respalda a la pornografía, si no entendemos estos factores culturales. El arte tiene que ver con el cuerpo y el cuerpo tiene que ver con el arte.

Los defensores de la impudicia resaltan los casos de mujeres que, en la vida real, se han desnudado por altruismo, de lo cual es un ejemplo obvio Lady Godiva, quien aceptó el sacrificio de atravesar desnuda y a caballo sus dominios, para satisfacer una exigencia de su alcabalero esposo e impedir de tal suerte la imposición de un nuevo tributo a la gleba. Pero las partes del cuerpo que pueden ser exhibidas sin escándalo varían de cultura en cultura, de época en época, incluso de religión en religión. Un cristiano, por ejemplo, no encuentra nada impúdico en la exposición de la cara, las manos y los pies de la mujer, pero que ella exhiba tales miembros resulta ofensivo y desafiante dentro de otros sistemas espirituales, como lo es para nosotros el que se muestren explícitamente los senos, muslos y glúteos femeninos. El mestizaje latinoamericano se vio acelerado por el hecho de que los conquistadores se rendían fácilmente ante unas indias que solo usaban taparrabos.

La famosa escultura *El Beso*, de Augusto Rodin, fue exhibida en el Japón, antes del esnobismo norteamericanista que ha suplantado tras la guerra las tradiciones niponas. La ira de los moralistas llegó a tal extremo que la obra debió ser protegida por cordones de guardias armados. ¿Por qué semejante reacción en un país donde la desnudez ha sido considerada siempre cosa natural? Los japoneses se bañan desnudos en familia y a la vista pública, e invitan a sus huéspedes a hacerlo con ellos, en señal de la más genuina hospitalidad. Pues bien: el desnudo en sí no los preocupaba respecto del Rodin, sino el hecho de que los labios de la pareja aparecieran fundidos en la escultura, pues el beso era, en esa ideosincracia, algo obceno para ser divulgado, pertenecía al círculo más reducido de la intimidad amatoria.

Habitantes de Sudáfrica, pertenecientes a la tribu zulú, protagonizaron problemas de orden público cuando les fue exhibida una película británica en la cual se escenificaban duraderos y apasionados besos. Aunque se dejaban fotografiar tranquilamente desnudos en compañía de sus esposas e hijas, ellos veían aquel contacto labial como algo francamente escandaloso.

En la China, hasta hace pocos años, el pie femenino era un formidable símbolo erótico y, aún hoy, algunas damas solo muestran los pies desnudos en presencia de sus legítimos esposos. Para las mujeres musulmanas el rostro es más provocativo que otras partes de la anatomía, y por eso lo cubren con velos; las negras africanas muestran en forma indiferente los senos que, para sus varones, carecen de todo atractivo erótico; son simples glándulas de nutrición para niños. La tradición, el medio y la cultura, son factores determinantes del criterio sobre la desnudez humana.

EN LA ERA DE ACUARIO

Una cosa es el arte y otra, bien distinta, la realidad, aun cuando el trillado lugar común dice que esta imita a aquel. Tal vez por eso, los nudistas afirman que su «movimiento» nada tiene de vergonzoso o impuro, como pretenden los puritanos religiosos —he oído que me incluyen entre estos—, enemigos de la libertad humana. De hecho, aducen, el nudismo es practicado en países de tan avanzada instrucción colectiva en materia sexual, como los escandinavos, donde las enfermedades venéreas dizque son desconocidas. Este hecho no deja de sorprender si recordamos que el ingenuo cuento de la cigüeña pertenece a la mitología báltica.

En su insensatez, los nudistas se consideran a sí mismos gentes de gran madurez. Con desenfado afirman revaluar la verdadera naturaleza del cuerpo humano; ellos lo han desvestido no solo de los trapos, sino, sobre todo, de los prejuicios que lo cubrían, pues el nudismo es un movimiento inspirado en ideales puros, y tiene sus antecesores en los baños colectivos de postrimerías de la Edad Media, en los cuales coincidían sexos y edades sin distinción alguna. Se conservan estampas bellamente miniadas de tales establecimientos, en las cuales fraternizan, al desnudo, comen y se lavan juntos hombres y mujeres, sin pudicia alguna, lo cual se practica en nuestros civilizados días en los baños mal llamados turcos, puesto que no los inventaron los turcos sino los chinos.

Pero como todo tiene una raíz espiritual —¡vaya descubrimiento!— hay un vaticinio según el cual el desnudo será dignificado en la era de Acuario, que es la que vivimos, según esta gente. ¡La nueva era! En el pasado siglo, por tal razón, el cuerpo humano vio incrementarse su exposición franca con el aporte de modernos medios, especialmente el cine, la televisión y la fotografía. Por eso hoy en día las niñas que todavía no alcanzan la pubertad, cuando se les pregunta sobre lo que quieren ser cuando sean grandes, responden con inocencia digna de encomio: Conejita de *Playboy*. El doctor James Kennedy dijo socarronamente en un sermón que las cosas han cambiado tanto que hoy llaman artistas a las que hace pocos años llamaban simplemente prostitutas. Muchos padres y, especialmente madres, se ocupan en crear en sus pequeñas hijas una mentalidad barata de modelo de calendario, con la idea mercantilista de que la exhibición de sus cuerpos a las miradas de los modernos faunos, retribuida por gruesas sumas de dinero, será suficiente para sacar de apuros a toda la familia. Una forma sofisticada de proxenetismo.

Resulta muy natural observar hoy la anatomía humana, especialmente la femenina, en las películas amatorias o en las carátulas de las revistas que tanta alarma despiertan en los anticuados espíritus judeo-cristianos. Todos los apóstoles de la falsa moral, —dicen— hablan del negocio de la publicidad como el causante de esta ola sicalíptica que sacude la nave de la civilización y amenaza mandarla a pique. Para tales sermoneros —alegan los pornógrafos de oficio— los desnudos de un pintor son arte; los de un fotógrafo son pornografía y negocio. Olvidan —argumentan a voz en cuello— que los pintores eran los fotógrafos de tiempos anteriores, cuando no existían cámaras, salvo las nupciales. El maestro Goya retrató sin teleobjetivo a la duquesa de Alba, como un *paparazzi* de los años sesentas retrató con teleobjetivo a la señora Onassis cuando tomaba el sol completamente desnuda en la isla de Scorpios. Ya hasta quieren convencernos de que los calendarios de las *strep-teasse girls* y las portadas de *Playboy* con sus desvergonzados destapes son obras inmortales de arte. ¡Cuánta indignidad!

EDUCACIÓN SEXUAL

La prensa católica del mundo entero, encabezada por *L'Observatore Romano*, gastó mucha tinta en elogios a la Psicología del Erotismo, de Peter Kolosimo, que fue un esfuerzo por descongelar el tema en la renuente Santa Sede. Este autor sostiene, con base en varias encuestas —algunas de la UNESCO— que aquellas regiones del mundo donde un sentido del pudor condena la desnudez, son las que marcan la pauta en cuanto a delitos y desviaciones sexuales. Abundan en ellas los amigos de Platón, que dicen aplaudía y justificaba el homosexualismo; las discípulas de Safo, poetisa de Lesbos; los seguidores de Onán, precursor del autoerotismo; las vendedoras de placer y los atormentados personajes de Sade y Masoc.

Aplauden al psicólogo Pierre Vachet, quien ha escrito que la desnudez, lejos de ejercer en el individuo una atracción carnal de deseos lascivos y sensualidad bestial, crea en el espíritu sentimientos estéticos y desarrolla en todo ser el gusto por lo bello. La educación sexual, que parece tan difícil a padres y maestros, se cumple naturalmente —según este autor— con el espectáculo de la desnudez, que purifica la imaginación y aplaca los instintos sexuales. La visión de los cuerpos desnudos, en vez de excitar la fantasía, no tarda en convertirse en sedante, y si todos estuviésemos habituados desde la más tierna edad a exponernos desnudos a los rayos del sol, se vería disminuir la inquietud sexual. Y, de paso, ¡qué maravilla!, arruinaríamos a los modistos, aumentando el desempleo ya, de suyo, muy agudo en el mundo.

Esta misma línea de argumentación sostiene que las personas que han observado a las dos *Majas* de Goya coinciden en afirmar que la desnuda inspira una sensación de amor idealista, de elevación espiritual; en tanto, la vestida provoca al momento en el ánimo un apetito morboso. Se agotan toda suerte de argumentos para vender la idea desvergonzada de que sería mejor vivir desnudos que vestidos, si no fuera por el riesgo de contraer algún catarro. Al margen de consideraciones religiosas o morales, hay que decir que no todos los cuerpos soportan una exposición franca; por el contrario, muchos tienen defectos que los afean grandemente —entre ellos, los artifíciales tatuajes— cuando son descubiertos y, debido a ello, la desnudez pública resulta decepcionante, cuando no repugnante. Casi siempre, hablando con objetividad, los cuerpos desnudos ofrecen un espectáculo cómico, a veces hasta ridículo, y, sin lugar a dudas, ofensivo y degradante. Esa es la verdad desnuda.

Sin entrar en detalles sobre la realidad de que la piel humana no resiste larga permanencia bajo rayos ultravioletas, ráfagas de viento helado, lluvias de granizo y otros fenómenos naturales que, precisamente, dieron origen al vestuario como necesidad. Con el paso del tiempo, la vanidad humana transformó esa necesidad en el negocio de las modas, que cada día pierde más su antiguo toque de elegancia, etiqueta y buen gusto para dar curso a la extravagancia, el desenfado y la cursilería. Hoy es un espectáculo extraño y portentosamente bello encontrarse con una dama bien trajeada. Hay mujerzuelas que se creen señoronas pero que, cuando uno las ve como lucen vestidas —o desnudas— les adivina sobre la frente un letrero que dice: «Esto se alquila».

El desnudo al desnudo

VERGÜENZA Y TEMOR

Muchos argumentan, a la ligera, que el desobligante Cam fue maldito por reírse de su padre desnudo, que el profeta Isaías se paseaba en paños menores por la santa ciudad, vociferando sus profecías, y que, en contexto bíblico, el cuerpo humano es obra maestra de un Dios que no puede ser pornógrafo. Tal cuerpo —subrayan— es bello en sí mismo y, además, está traspasado e iluminado por los sentimientos del amor, la ternura, la comunicación y la comprensión, pues es, precisamente a través del cuerpo, que el hombre manifiesta el lenguaje de su amor. Por lo tanto —rematan— es posible hablar del desnudo con absoluta dignidad. Sin embargo, como es fácil colegirlo, la maldición a la estirpe de Cam no aplaude la desnudez de Noe, sino reprende el irrespeto a su autoridad:

> «Cam, el padre el Canaán, vio a su padre desnudo y fue a contárselo a sus hermanos, que estaban afuera. Entonces Sem y Jafet tomaron un manto, se lo echaron sobre los hombros, y caminando hacia atrás, cubrieron la desnudez de su padre. Como miraban en dirección opuesta, no lo vieron desnudo» (Génesis 9:22-23).

Lo que sigue es bendición para los hijos respetuosos y maldición a la descendencia del abusivo. Por otra parte, la acción de Isaías solo era una demostración profética de la suerte que esperaba a los opresores del pueblo de Dios: serían llevados desnudos y descalzos como prisioneros de guerra.

> «Entonces el Señor dijo: Así como durante tres años mi siervo Isaías ha andado desnudo y descalzo, como señal y presagio contra Egipto y Cus» (Isaías 20:3).

Bíblicamente hablando, cuando el ser humano cae, al querer igualarse a Dios por medio del conocimiento del bien y del mal, su primer cambio consiste en que se averguenza de su desnudez. No ha practicado aún el sexo, pero saberse desnudo lo atemoriza.

> «El hombre contestó: Escuché que andabas por el jardín, y tuve miedo porque estoy desnudo. Por eso me escondí» (Génesis 3:10).

¿Qué es lo que hace que el presuntuoso **Adán** de hoy, por el contrario, se desnude en público sin temor ni rubor? Hay un fondo de animalidad en la acción de desnudarse, pues monos, perros, elefantes y gatos no son concientes de su desnudez. Si vestirme demuestra que soy un ser superior a ellos, quitarme la ropa me degrada a su rasero en la escala zoológica; así me hago inferior a mí mismo, renunciado al rango espiritual del que ellos carecen. Poder confeccionar mi vestido y usarlo indica que soy superior a las otras especies y me ratifica como el amo de ellas; despojarme del atuendo me animaliza y rebaja, colocándome a su nivel.

En una visión darwiniana, Desmond Morris llamó «el mono desnudo» al hombre; y ciertamente, cuando se descubre sin cortapisas, el «Homo Sapiens» de

El desnudo al desnudo

Linneo parece un orangután sin pelo. El vestuario le imparte dignidad y lo iguala a su prójimo en una categoría más alta que la zoológica; excepto cuando se desnuda en la intimidad para la práctica del amor bendecido espiritualmente y, por lo tanto, legítimo, en el misterioso acto vital que lo fusiona en un solo cuerpo con su pareja, bajo la sombra protectora del Dios que los ha hecho a su imagen y semejanza.

3

El macho latino

*«Un luchador he sido, y esto quiere decir
que he sido un hombre».*

GOETHE

El judeo-cristianismo es machista, ha sido una de las afirmaciones más difundidas en el mundo desde el surgimiento del llamado movimiento feminista, que, como todo extremismo, trajo consecuencias catastróficas, en este caso incluso en contra de las propias mujeres. Es indudable que la posición del hombre como cabeza —del hogar, el negocio, el estado, la iglesia— ha ido en detrimento a medida que algún grupo social reclama sus derechos supuestos o reales: los derechos de la mujer, en primer lugar; pero, también, los derechos del niño, los de los ancianos y, últimamente, hasta los de los homosexuales.

En medio de la inanidad religiosa de una iglesia sin respuestas a las preguntas de hoy, el varón cedió gran parte de lo que naturalmente poseía para que la mujer, en muchos casos, se masculinizara; abrió espacio anchuroso para que el niño se volviera adulto antes de tiempo; rindió territorio para que los ancianos pudieran chochear a sus anchas y sin estorbos; y, como si faltara, últimamente ha sido obligado a abrir calle de honor para el desfile independentista de los homosexuales. Como van las cosas, pronto nos veremos precisados a organizar un movimiento en defensa de los derechos del varón, que ahora solo tiene deberes qué cumplir.

En algunas iglesias hasta hay obispos de sexo femenino; por cierto, quienes ejercen tal ministerio prefieren seguirlo nombrando por la masculina y decir «la obispo». Si Jesús viniera en estos días, probablemente sería conducido ante una corte, esposado y con guardias, no para endilgarle los delitos ajenos como hace dos mil años, sino para obligarlo a incluir apóstolas —así con a— en su junta directiva.

Puede haber, sin duda, ministerios pastorales femeninos, siempre y cuando cumplan requisitos muy particulares que no son objeto de análisis en un libro como este; pero no debe desconocerse que la participación femenina en el pastorado fue extraña a la estructura eclesiástica hasta la insurgencia del moderno feminismo, que hizo posibles casos como los de Aymée Mac Pherson y Kathryn Kullman. Dentro de los sistemas monoteístas, el judaísmo desconoce a las rabinas y el islam a las muslinas; pero aún politeístas tan reconocidos como los hindúes carecen de gurúas.

Son, en cambio, muy comunes en Occidente las damas fundadoras de sectas: Mary Baker-Eddy y la Ciencia Cristiana, Helena Blavatsky y la Teosofía, Conny Méndez y la mal llamada Metafísica, etc. Los raelianos, secta de última novedad, ya institucionaliza a obispesas, entre ellas la seudocientífica Brigitte Broisselier, quien trabaja la clonación humana al margen de la ley. Prefieren no decir «obispa», porque tal nombre podría confundirse con el de un insecto cuya picadura produce escozor: la avispa.

El varón ha sido arrinconado, reducido, minimizado hasta el extremo de que los animales ya tienen más derechos que su antiguo amo, cazador y domador; y la función de este se halla limitada a defender los derechos de todos los demás, cediendo los suyos propios para que no se diga que abusa de su fuerza e inteligencia. Ser hombre se está convirtiendo en un estigma y, tal vez por eso, muchos optan por cambiar de bando para obtener mejores garantías. Yo prefiero alinearme con don Miguel de Unamuno en la «intrahistoria» y seguir siendo «nada menos que todo un hombre», como lo dijera este energúmeno, pero a veces certero, pensador español.

«MEA CULPA» VARONIL

Sin desconocer la discriminación contra las mujeres que se percibe todavía, por ejemplo, en comunidades norteamericanas de fuerte tradición puritana, si se juzga este asunto con objetividad, hay que reconocer que el propio hombre es en buena medida culpable del desplazamiento a que lo han sometido, en señal de protesta por el abuso impune que él hizo del liderazgo inherente a su naturaleza. Durante milenios, matizados por breves y esporádicos lapsos históricos de equidad, el presuntuoso varón desbordó sus atribuciones como gobernante, esposo, padre, patrono y pastor. Casos hubo en los cuales su poder lo invistió agresivamente de sadismo.

En el ejercicio de lo político —fuese como rey, premier, presidente, o jeque— era opresor y no servidor al usar el cetro, la espada, la vara o cualquier instrumento que tuviera a la mano para azotar y herir a sus vasallos, súbditos o ciudadanos, tendencia que se perpetúa en plena posmodernidad a través de esos fósiles de la caverna política que son los dictadores tropicales. Y en algunas iglesias, digámoslo de paso, en líderes que se consideran a sí mismos señores feudales del Reino de Dios. Por cierto, el Soberano mismo repite hoy con insistencia estas palabras:

> «Así que Jesús los llamó y les dijo: —Como ustedes saben, los que se consideran jefes de las naciones oprimen a sus súbditos, y los altos oficiales abusan de su autoridad. Pero entre ustedes no debe ser así. Al contrario, el que quiera hacerse grande entre ustedes deberá ser su servidor, y el que quiera ser el primero deberá ser esclavo de todos. Porque ni aún el Hijo del hombre vino para que le sirvan sino para servir y para dar su vida en rescate por muchos» (Marcos 10:42-45).

Como patrono, los abusos del varón contra los

obreros provocaron desde los orígenes de la era industrial los trastornos que desembocaron en la revolución proletaria y que, aún hoy, mantienen vivo el rescoldo de la insurgencia armada en algunos países.

> «Oigan cómo clama contra ustedes el salario no pagado a los obreros que les trabajaron sus campos. El clamor de esos trabajadores ha llegado a oídos del Señor Todopoderoso» (Santiago 5:4).

A lo largo de la modernidad el marido vio a la mujer como una máquina multiusos cuya función era lavar ropa, cocer alimentos, procesar placeres y fabricar muchachitos. El padre tuvo sobre sus hijos una perspectiva clara: si se trataba de un varón, proyectaba en él la lógica perpetuación de su superioridad innata; y, si de una mujercita, veía en ella un espejo de su propio narcisismo algo feminoide, como todo lo machista. Los extremos se llevan de la mano y, por eso, los machos se afeminan como las feministas asumen actitudes machonas.

El machismo es un fenómeno particularmente agudo en las sociedades latinas y, por qué no reconocerlo, sobre todo en las comunidades de orientación espiritual católico-romana, más proclives a mantener las tradiciones. En los países protestantes, por el contrario, la democracia facilita la equidad varón-mujer, lo cual ha permitido, por otra parte, los excesos que hoy lamentan algunos de sus propios promotores. En España el varón es siempre cabeza social; en el trono la reina ha sido ayuda del monarca y, cuando ejerció funciones, lo hizo casi siempre como regente; aunque es bueno reconocer que, en el caso de los Reyes Católicos, la figura predominante fue Isabel, a quien Fernando solo secundaba con varonil decisión. En plena posmodernidad, don Juan Carlos es el que se las trae y doña Sofía ocupa un discreto segundo plano. ¡Vamos, como debe ser, hombre! No se olvide que Fernando VII provocó las guerras carlistas cuando tuvo la ocurrencia de derogar la ley sálica para que pudiera reinar su hija Isabel.

Las islas británicas, por contraste, han permitido fuertes figuras femeninas en su corona: María Tudor, María Estuardo, la mismísima doña Victoria, y las dos Isabeles, la primera y la actual; esta sigue jugando el partido como titular mientras su *baby* Carlos permanece y encanece en la banca como suplente, a la espera de una remota posibilidad de saltar a la cancha. Los franceses dicen que lo británico es lo contrario, por ejemplo, conducir el auto desde la derecha pero por la izquierda. Estas tendencias digamos ancestrales se prologan en América, donde los anglosajones son feministas, y los latinoamericanos machistas, lo cual dificulta el encuentro histórico de los dos pueblos.

AL SUR DEL RÍO GRANDE

En Argentina los inmigrantes de procedencia italiana mantienen muy fuerte la figura del capo, pero atenuada en la sombra por la influencia de la *mamma*, a cuyo alrededor retozan hijos y nietos todo el tiempo procurando la cálida protección de sus faldas. En la región colombiana de Antioquía el matriarcado es más bien fuerte. Se ha dicho en broma que hay tres pruebas de que el paisa —antioqueño— es imitador de Jesús: 1) Vive en casa de mamá hasta los treinta años. 2) Cree que mamá es virgen. 3) Mamá cree que él es dios.

La música muestra una obvia diferencia sentimental entre mejicanos y argentinos: en el tango se busca a la traidora para perdonarla, en la canción ranchera para matarla. Ahora bien, el gaucho es el equivalente pampero del llanero colombo-venezolano, cuyo individualismo proviene de la soledad y la lejanía a que lo acostumbran sus sabanas ilímites. El popular compositor Alejandro Wills ha descrito esta psicología típicamente masculina en su clásico Galerón Llanero:

> «Sobre los llanos la palma,
> sobre la palma los cielos;
> sobre mi caballo yo,
> y sobre yo... mi sombrero».

(Actitud contrastante con la del piadoso judío ortodoxo que se cubre la cabeza con la kipá para recordar todo el tiempo que Dios está sobre él). En materia erótica, el tórrido varón llanero es movido por un corazón amazónico, como el de Arturo Cova en La Vorágine de José Eustasio Rivera:

> «Antes que me hubiera apasionado por mujer alguna, jugué mi corazón al azar y me lo ganó la Violencia. Nada supe de los deliquios embriagadores, ni de la confidencia sentimental, ni de la zozobra de las miradas

cobardes. Más que el enamorado fui siempre el dominador cuyos labios no conocieron la súplica».[1]

Sin embargo, la semilla cristiana que su inconsciente guarda entre un montón de supersticiones, conserva el rayo de esperanza para él:

> «Con todo, ambicionaba el don divino del amor ideal, que me encendiera espiritualmente, para que mi alma destellara en mi cuerpo como el leño sobre la llama que lo alimenta».[2]

El macho latino tiene, pues, su principal escenario en Amerindia, nombre dado por Haya de la Torre a la región no anglosajona del Nuevo Mundo que otros han llamado Latinoamérica e Iberoamérica. La denominación Hispanoamérica —tan cara a mis afectos— es impráctica por parcial, ya que hay allí países que hablan portugués, francés, patois, papiamento, creole, incluso inglés. Por influencia directa de la música, la televisión y el cine mexicanos se ha desarrollado en tales coordenadas del mapamundi una subcultura que afecta a todas las clases sociales y en la cual la mujer juega un papel secundario o simplemente decorativo. Esta anomalía se agudiza dramáticamente en la expansiva comunidad latinoamericana de los Estados

---

1. José Eustasio Rivera, *La Vorágine*, M. Aguilar Editor S.A., México, 1978, pág. 13.
2. *Ibidem*.

Unidos, donde los casos más asiduos que se tratan en las oficinas de consejería de las iglesias de habla hispana son protagonizados por mujeres maltratadas psicológica y físicamente por sus compañeros sentimentales. Se destaca entre ellos el cínico hedonista que, mientras su mujer trabaja, permanece en pijama frente al receptor de televisión, cuando no se dedica a los juegos de nintendo o a la navegación por el turbulento océano virtual de Internet; ocupaciones solo interrumpidas para engullir un bocadillo o sorber una copa de licor.

¿MUJERES O BURRAS?

Algunas señoras soportan humillaciones por el temor a la soledad o por necesidades fisiológicas y se convierten en esclavas, cuando no mendigas, del favor masculino, al estilo de lo que ocurría a las africanas durante la época colonial, cuando eran, según gráfica expresión, «mujeres de noche y burras de día». El latino es, en general, inclinado a la dictadura y el despotismo en el ejercicio de su masculinidad y somete a la mujer a vejámenes que van desde el control de los horarios y la forma como debe sentarse o caminar, hasta los temas de conversación, aunque generalmente se la somete al silencio. El muy macho pareciera haberse tomado en serio la advertencia de Paul Valery a su amante:

«Porque yo soy
tu señor y tu amo».

En los noviazgos tanto como en los matrimonios —y ni qué decir los amantazgos— la servidumbre femenina llega a extremos tan irracionales que pareciera como si las mujeres se hubiesen vuelto masoquistas. En esta región el hombre ha desdibujado su triple perfil de progenitor, proveedor y protector. Progenitor sigue siendo, más por desbordamiento erótico que por responsabilidad paternal. Proveedor es aún, pese a que tal condición se comparte en forma creciente con la compañera y no pocos ya la delegaron por completo en ella. El protector, en fin, ha desaparecido por completo para dar paso al dominador. ¡Anti-varón!

En las postrimerías de la pasada centuria se reunió en Beijing una multitudinaria asamblea de mujeres de todas las nacionalidades, razas, profesiones, colores y sabores para definir el futuro de la especie humana. Allí, un grupo de lesbianas bien reconocidas ofreció una ponencia futurista en la cual el hombre quedaba reducido a ser el surtidor de los bancos de semen necesarios para la conservación de la especie humana. Como el macho de cualquier especie zoológica puesto al servicio de la inseminación artificial. De esta manera, el varón habría pasado de la potencia a la pre-potencia, para caer finalmente en la impotencia.

Hubo, con motivo de tan singular evento, algunos brotes de humor latinoamericano. En un programa de televisión de amplia audiencia se escenificó un entremés sobre sus probables conclusiones prácticas; en él, reunidas un año después las militantes del feminismo para hacer la evaluación de sus experiencias, se pone de pie la alemana y expresa: «Cuando regresé a casa le dije a mi marido: Helmuth, de ahora en adelante tú lavarás la ropa. El primer día no vi nada, el segundo tampoco, pero al tercero ví algo; Hemuth, en efecto comenzó a lavar la ropa». (Aplauso general). Toma la palabra, en segundo lugar, la italiana y manifiesta: «A mi retorno a casa exhorté a mi esposo: Luigi, de hoy en adelante tú prepararás los alimentos. El primer día no ví nada, el segundo día tampoco, pero al tercero pude ver algo: Luigi comenzó a preparar los alimentos». (Aplauso general y algarabía). Le corresponde el turno a la latinoamericana, quien informa: «Cuando volví al hogar enfrenté a mi marido con estas palabras: Olegario, desde hoy mismo y para siempre tú tenderás las camas. El primer día no me fue posible ver nada, el segundo día seguí sin ver nada, pero al tercer día ya pude ver algo... ¡por el ojo izquierdo!» Qué anacrónica suena la admonición de Severo Catalina: «a una mujer no se le toca ni con el pétalo de una flor».

El maltrato físico es la forma menos cruel de sometimiento que se ejerce sobre la mujer; peor aún es la esclavitud de tipo psicológico que alcanza niveles de opresión francamente intolerables. Los maridos son verdaderos propietarios, cuyo contrato matrimonial los autoriza, según creen ellos, a ejercer señorío sobre la mente y el cuerpo de la mujer, como un ranchero lo hace sobre sus semovientes.

Hay algunos honorables caraduras dotados de atributos físicos en la misma proporción en que les faltan las luces mentales; estos firman, por así decirlo, un cómodo convenio erótico-laboral con mujeres de intelecto: —Tú, que eres la profesional, proveerás para los gastos de la familia: renta, servicios públicos, seguros, vestuario, mantenimiento del auto, mercado, educación de los hijos, etc. Yo, que soy el ignorante, me encargaré de los oficios domésticos: lavar ropa, fregar platos, preparar alimentos, cambiar pañales, tender camas, etc. Se ha producido así, en muchos casos, una inversión total de los roles masculino-femenino, que ofrece mal ejemplo a los niños al mostrarles perfiles indefinidos de identidad papá-mamá, claves en la formación de su carácter. Por otra parte, es censurable la actitud del varón posesionado de su género que jamás colabora con la mujer en pequeños trabajos, pues está convencido de que, si lo hace, perderá su prestigio varonil.

Personalmente, al verme precisado a trasladarme a los Estados Unidos, me he descubierto habilidades que desconocía poseer cuando me hallaba en mi patria, rodeado de asistentes, secretarias, choferes y otros auxiliares de primera mano que me hacían más llevadera la vida cotidiana. El Tío Sam me está enseñando a ser autosuficiente, porque en su territorio, salvo el caso de los ricos, nadie puede darse el lujo de contar con amas de llaves y empleadas domésticas permanentes que son de común contratación por la clase media en los países latinoamericanos.

SEDUCCIÓN Y VIOLACIÓN

Existe una variada gama de machistas: El vividor es la versión sudaca del *gigoló* francés: un logrero que hace profesión de acostarse con mujeres adineradas que le pagan sus servicios con trajes, licores, viajes, joyas y cuentas bancarias. Se trata de un prostituto, para decirlo claramente. Otro tipejo, el administrador, es un proxeneta: figura como amante oficial de la ramera, a quien alquila a terceras personas —hombres o mujeres, para el caso es igual— y se encarga de recolectar los honorarios para su propio beneficio. Digno de mención es, también, el inversionista, quien se busca una dama de posición económica holgada con quien contrae patrimonio, antes que matrimonio.

No puede pasarse por alto al chantajista, quien corteja a mujeres importantes que pueden verse comprometidas si se divulgan sus devaneos; por medios subrepticios obtiene fotografías, vídeos o grabaciones de audio que amenaza con reproducir y divulgar si no se lo retribuye con alguna suma de dinero. Se destaca, así mismo, el viejo verde, caricatura del complejo de Pigmalión, cuya libreta de cheques en blanco es la trampa para cazar ingenuas jovencitas cuyos cuerpos en flor deshoja y marchita como un jardinero libidinoso.

Sin embargo, en las zonas provincianas, hasta bien entrado el siglo XX, el varón pequeño-burgués se encargaba de dignificar a la mujer. Tengo un ejemplo cercano para ilustrar el punto: Don Ignacio Manrique fue un político importante, radical y masón, quien contrajo matrimonio con la archicatólica doña Leonor Silva y Serrano, en una insólita ceremonia: la novia se ubicó de la puerta de la iglesia hacia adentro, y el novio de la puerta hacia afuera, para que ninguno cediera en sus convicciones.

Mantuvieron una relación armónica, pese a no haber tenido hijos. En su hacienda, a las seis de la tarde, se tocaba la campana del oratorio para el rezo de las oraciones cotidianas dirigidas por el ama de casa en persona. Su marido, en tanto, leía algún libro, arrellanado en su poltrona al extremo del zaguán, entre dosis de rapé. En alguna oportunidad, un peón nuevo de la finca, queriendo congraciarse con el descreído patrón, se negó a concurrir a aquel sencillo ritual vespertino. Cuando don Ignacio lo instó a que lo hiciera, le replicó, malicioso: —No, señor, yo soy como usted, no creo en religiones. En el mismo instante, sin un parpadeo, don Ignacio entregó al trabajador el valor de sus servicios y lo despidió con estas palabras: —Aquí se hace lo que mande la patrona.

El sometimiento femenino es, con todo, tan fuerte que, en las aldeas del Caribe (el Macondo de García Márquez), si usted requiere los servicios de un médico, un abogado u otro profesional cualquiera, al buscarlo en su hogar a media tarde, la propia esposa le informará con toda naturalidad: —A esta hora él se encuentra donde la querida. Hay señoras que consideran un timbre de honor que sus maridos sostengan dos casas. ¿Acaso no lo hizo Abraham con Sara y Agar? ¿La historia de Jacob no es parecida con Raquel y Lea? ¿El padre del profeta Samuel no tenía dos esposas?

Hay también la glamorosa figura del *playboy*, expresión gringa para Tenorios y Casanovas, que logró sus más acabados ejemplares en dos dominicanos: Porfirio Rubirosa, amante de estrellas del celoluide como Za Za Gabor, y Ramphis Trujillo, hijo del inolvidable dictador don Leonidas. Por contraste con los violadores, estos individuos se autoproclaman seductores; pero ¿qué diferencia sustancial hay entre lo uno y lo otro? ¿No conduce la seducción a la violación? Los irresistibles detalles del galanteo solo son piedrecillas de tropiezo, sutiles dardos de láser que horadan el mundo interior de la víctima a fin de que su sacrificio parezca un acto de su propia voluntad. La seducción solo es una forma de violación, de donde Pablo Neruda concluye sin atenuantes:

> «No hay pecado más dulce
> que enseñar a pecar».

No pudo decir lo mismo el joven Siquem, violador de Dina, hija de Jacob, quien fue engañado por los hermanos de su víctima; ellos le prometieron entregársela en matrimonio si él y todos los varones de su pueblo aceptaban circuncidarse y, cuando lo hicieron de buena fe, aprovechándose de su natural debilidad física, Simeón y Leví los pasaron a filo de espada (Génesis 34). A propósito de violaciones, Sigmund Freud sostiene, con una serie de sólidos argumentos, que el ataque del hombre violador

> «no puede ser rechazado por la total fuerza muscular de la mujer porque a él coadyuva, aceptándolo, una parte de las sensaciones inconscientes de la atacada. Ya se puede decir que la situación paraliza las fuerzas de la mujer».[3]

---

3. Sigmund Freud, *Psicopatología de la vida cotidiana*, Freud para todos, Santiago Rueda Editor, Buenos Aires, 1966, pág. 116.

El propio padre del psicoanálisis encuentra injusta la sentencia dictada por Sancho Panza como gobernador de la ínsula Barataria, cuando una mujer acusa a un hombre de haberla forzado. Sancho la indemniza haciendo que el violador le entregue una bolsa repleta de monedas de oro. Cuando la mujer se ha marchado, el gobernador otorga permiso al acusado para que corra tras ella y la despoje de la bolsa. Un rato después los litigantes comparecen de nuevo ante Sancho y la mujer se declara orgullosa de que el violador no haya sido capaz de arrebatarle su tesoro. El gobernador, entonces, declara razonablemente:

> «Si el mismo aliento y valor que habéis mostrado para defender esta bolsa, lo mostrarais, y aún la mitad menos, para defender vuestro cuerpo, las fuerzas de Hércules no os hicieran fuerza».[4]

En la Barataria Global abundan las mujeres que defienden con más ardentía el dinero que la virginidad y que, de hecho, son capaces de sacrificar esta en aras de aquel.

IGUALDAD CRISTIANA

Es una injusticia calificar de machista al judeo-cristianismo. Es cierto que en tiempos ya remotos su

---

4. Miguel de Cervantes Saavedra, *Don Quijote*, Parte II, Cáp. XIV.

cultura era patriarcal, que hubo un Abraham, un Isaac y un Jacob; pero ninguno de ellos puede ser válidamente citado como botón de muestra de tal afirmación. Y, por supuesto, al aparecer en la historia Jesús de Nazaret, su predicación y su ejemplo no deja la menor duda sobre la igualdad de todos los seres humanos, con prescindencia de consideraciones de género.

Su encuentro con la mujer samaritana es bien ilustrativo al respecto; en el brocal del pozo de Jacob, el Salvador dialoga con quien representa varias cosas inaceptables para la cultura judía: en cuanto a sexo, una mujer; en lo religioso, una heterodoxa; geográficamente, una extranjera; bajo el aspecto legal, una divorciada. Cinco veces divorciada, para ser exactos. Obsérvese que a los discípulos no los inquieta la nacionalidad, ni la religión, ni el estado civil de la interlocutora de Jesús; lo único que los preocupa seriamente es que sea una persona del género femenino:

«En esto llegaron sus discípulos y se sorprendieron de verlo hablando con una mujer» (Juan 4:27[a]).

En una sola y radical acción, Jesucristo vindicó hace dos mil años los derechos de la mujer, al colocar ya en el «d.C.» a una, rechazada por diversos prejuicios, al mismo nivel del varón. Solucionismo bíblico. No se pase por alto que el apóstol San Pablo, sistematizador de la doctrina cristiana y señalado torpemente por algunos como malqueriente del bello sexo, aparece en un momento de la historia greco-latina signado por grandes contradicciones en cuanto a la valoración social del hombre y la mujer. A la sazón, pensadores y activistas favorecían una u otra tendencia hasta extremos sectarios, de suerte que el homosexualismo y el lesbianismo corrían parejos con la monogamia y algún estilo de poligamia, todo ello tolerado en forma similar a como ocurre en esta antesala del tercer milenio. En medio de semejante barahúnda, Pablo levanta su voz para declarar:

> «Ya no hay ... hombre ni mujer, sino que todos ustedes son uno solo en Cristo» (Gálatas 3:28).

Otro de los apóstoles de Jesús, el popularísimo Simón Pedro, era casado, puesto que el Señor mismo le sanó a la suegra en una oportunidad; y él, que no predicaba para gentiles sino para judíos, es muy explícito cuando se dirige a los varones cabeza de hogar para decirles:

> «De igual manera, ustedes esposos, sean comprensivos en su vida conyugal, tratando cada uno a su esposa con respeto, ya que como mujer es más delicada, y ambos son herederos del grato don de la vida. Así nada estorbará las oraciones de ustedes» (1 Pedro 3:7).

Muchos varones se quejan de que Dios no los oye. La Biblia declara expresamente que las oraciones del hombre desconsiderado hallan obstáculos para llegar arriba, al lugar santo a donde se dirigen. Es buen negocio tratar a las mujeres con delicadeza y respeto. La democracia nació de un sencillo descubrimiento de los protestantes: si somos iguales ante Dios, necesariamente lo somos ante el estado. El varón y la mujer no deben ser enemigos sino aliados, pues los géneros masculino y femenino no son contradictorios sino complementarios, como la rueda y el eje, como el cerebro y el corazón. Comprender, aceptar y acoplar las diferencias es la función del amor. El varón no puede ser mujer, ni la mujer hombre; ninguno de los dos está encima o debajo del otro, si no dentro de él, que no es sino una forma de penetrarse a sí mismo. En eso consiste el misterio que la Biblia ha definido como ser «una sola carne».

Adulterar es desgarrar esa unidad para producir otra en forma artificial.

REIVINDICACIÓN MASCULINA

En mi infancia aún se daban los absolutos: blanco y negro, arriba y abajo, bueno y malo, verdad y mentira, varón y mujer. Desde muy tierna edad los mayores nos hacían memorizar textos básicos: el Catecismo del padre Astete, en el cual aprendimos que somos cristianos por la gracia de Dios y que esa gracia la recibimos de Cristo nuestro Señor; el Manual de Urbanidad y Buenas Maneras, que nos enseñaba a ser gentiles con las damas: saludarlas de pie, cederles la acera y la silla, abrirles la puerta del coche, tomarlas del brazo para cruzar la calle, etc. También se nos hacía repetir, paralelamente con los relatos de la Historia Sagrada, trozos literarios edificantes. Uno de mis favoritos lleva la firma de Víctor Hugo, personaje desconocido por los lectores de tabloides:

> «Dios hizo para el hombre un trono,
> para la mujer un altar;
> el trono exalta,
> el altar santifica».

Los lugareños de la Aldea Global que todavía practican el anacrónico vicio de la lectura se deleitan, más bien, con Peyrefitte y Henry Miller, abanderados de una escuela literaria en la cual el siglo XX adiestró a medias mujeres y hombres a medias, candidatos al Nobel de la pornografía. Sus libros están repletos de obscenidades y son de rápido consumo masivo en la morbosa sociedad de la nueva centuria que muestra, como signo inequívoco de decadencia, varones semejantes a dioses mitológicos: los unos, de estampas delicadas como Adonis; los otros, de músculos rudos como Hércules, pero todos ellos asiduos clientes de los gimnasios físico-culturistas, las salas de belleza, los quirófanos de cirugía plástica; tienen cabellos tinturados y manicure con esmalte, tatuaje en el hombro, pendiente en la oreja y cráneo vacío.

Reivindicar el verdadero sentido de la hombría ha de ser la consigna actualista de la iglesia en esta época. La imagen masculinoide que hoy se proyecta es la de un ser indefinible, algo varón y un tanto mujer, como una nueva especie de travesti psíquico. O bien, la de uno que no perdió su varonía pero la ha inflado superlativamente hasta convertirse en un simple semental. O hermafrodita o macho cabrío, es una disyuntiva marginal a las Sagradas Escrituras, las cuales declaran que Dios «varón y hembra los creó», en referencia a la especie humana, a la cual diseñó y plasmó a su propia imagen y conforme a su semejanza. Deteriorar la calidad de esa imagen es la intención de Satanás; regenerarla, la obra vivificadora del Espíritu Santo.

4

La liberación de Safo

> «Originalmente el ser femenino se nos presenta
> como un ser problemático».
>
> BUYTENDIJK

Es inútil tratar de establecer las nuevas realidades sobre los viejos paradigmas. La mujer realiza hoy trabajos que fueron por siglos de exclusividad masculina: operador de fábrica, albañil, taxista, boxeador, etc, ni qué decir de las profesiones liberales: médico, abogado, ingeniero y demás. El hombre, por compensación, ejecuta muchas tareas históricamente femeninas: aparte de cocinar, lavar y planchar, hay varones que cuidan niños o realizan tareas propias de las antiguas secretarias. Hasta hace relativamente poco tiempo una mujer plomero era juzgada como marimacho, y un varón florista como afeminado.

Ciertas incompatibilidades que hasta ayer nada más eran tabúes, hoy constituyen algo normal y cotidiano: en no pocas empresas el presidente es una mujer, y los ejecutivos subalternos, hombres que le obedecen. Atrás quedaron los prejuicios según los cuales las mujeres no podían ser médicos pues les era impúdico enfrentarse a la cruda desnudez del cuerpo humano; ni jueces, porque su sentido de equidad podría sufrir desequilibrios en ciertos días del mes, por razones obvias. Hoy el misógino Schopenhauer, sin duda, acabaría en la cárcel por su frase «la mujer es un animal de cabellos largos e ideas cortas». Todas las disciplinas intelectuales se ocupan ahora mismo en la redefinición, no de los géneros masculino y femenino que conservan sus diferencias esenciales, sino de sus respectivos roles, que tienden a una complementariedad más racional y lógica. Todavía, por supuesto, —y esto será invariable— el hombre representa inteligencia y voluntad, la mujer sentimiento e intuición; el hombre es más independiente y activo, la mujer más pasiva y subalterna; el hombre es obvio, la mujer imprevisible; en el ejercicio sexual, la mujer busca afectos y el hombre sensaciones.

Ortega y Gasset decía que uno de los más grandes errores, no solo teóricos sino prácticos, es la «equiparación jurídica del hombre y la mujer». Se relata una deliciosa anécdota del filósofo español durante un viaje en barco, con un grupo de señoras norteamericanas, jóvenes y muy bellas, a quienes les hablaba como un hombre lo hace a una mujer en la flor de la vida. Al reclamar una de ellas que se la tratara «como a un ser humano», Ortega le respondió:

—Señora, yo no conozco ese personaje que usted llama «ser humano». Yo solo conozco hombres y mujeres.[1]

El propio Ortega sostiene que el varón «consiste de modo eminente en referencia a su profesión» y solo secundariamente en referencia a la mujer; en cambio el destino de esta se centra en «ser vista del hombre». Como español raizal, este cenital pensador reafirma la diferencia radical de los sexos, pero no promueve la idea de inferioridad femenina sino reconoce en la mujer la portadora de valores afectivos: sensibilidad, ternura, delicadeza, intuición. Sin embargo, es el mismo Ortega quien descubre que:

> «Lo que llamamos mujer no es un producto de la naturaleza, sino una invención de la historia».[2]

Siendo que Dios creó originalmente «hombre y mujer», quiero entender que Ortega se refiere en este caso al estereotipo histórico de lo femenino.

Pese a los esfuerzos de igualdad con sus exageraciones, sigue existiendo un esencialismo masculino y otro femenino. Diferenciales y universales. El hombre es hombre y la mujer es mujer, en forma indiscutible, así no haya comportamientos uniformes de género en

---

1. José Luis Aranguren, *Erotismo y liberación de la mujer*, Ediciones Ariel, Barcelona, 1973.
2. *Ibidem.*

todas las culturas. Durante la ocupación norteamericana del Japón, al iniciarse la segunda posguerra, hubo el encuentro erótico del *cowboy* y la *geisha*, en el cual los elementos étnicos, folclóricos e, incluso, religiosos no fueron obstáculo para el romance. El gringo desfachatado y la nipona ceremoniosa eran solo un hombre y una mujer. Como Hernán Cortés y su princesa indígena.

EL ETERNO FEMENINO

Eva ha conquistado metas altas si se las mide por la opinión misma de las feministas: hoy son realmente «varonas», como se traducía en antiguas versiones de la Biblia. En muchos casos las mujeres han desplazado a los varones en la política, la economía, el arte y la ciencia, los deportes, cuanto oficio o profesión sea viable, incluido el ministerio religioso. Muchas empresas las prefieren a los hombres por su alto sentido de responsabilidad, su honestidad y sus habilidades administrativas, aprendidas en el manejo del presupuesto familiar. Sin embargo, todavía no logran parecerse al hombre, pese a que muchas usan pantalones, toman brandy y aspiran cigarros. Son mujeres, aunque prefieran que las llamen seres humanos del sexo femenino.

Un breve análisis de la naturaleza del mal llamado «sexo débil», puede ayudar al hombre a ser más tolerante y comprensivo. La anatomía y fisiología de la mujer —y, por ende, su psicología— cruzan por tres etapas traumáticas: La primera es el paso de niña a mujer con el crecimiento de senos y caderas y la llegada de la menstruación. La segunda, el tránsito de mujer propiamente a madre; le ocurren entonces varias cosas complejas: su matriz es inaugurada con la presencia de un huésped llamado embrión que se convierte en feto, crece dentro y se nutre de ella; luego da a luz al nuevo ser con todo lo que un parto implica; finalmente, de sus propios pezones brota leche para alimentarlo.

No nos detengamos en engorrosos detalles sobre la crianza, educación y disciplina de ese «producto», en un camino lleno de contingencias; pensemos, para abreviar, en la tercera etapa traumática de la mujer, que es la llegada de la menopausia, proceso ante el cual el masculino equivalente, llamado climaterio o andropausia, es juego de niños. Las ya difundidas consideraciones sobre el tema, son propias de libros científicos; este se ocupa, simplemente, de la observación de los fenómenos tal y como se presentan y su confrontación con las verdades bíblicas en una perspectiva actualista que sintonice la interpretación con las ondas de frecuencia de la época.

Prefiero no mencionar las variadas obligaciones adicionales que la conquista de los llamados derechos de la mujer ha acarreado para ella misma: hoy no le regalan abrigos de pieles porque ella los compra con sus propias tarjetas de crédito, nadie le abre la portezuela del automóvil porque ella sola lo maneja, nadie la invita a almorzar porque ella lo hace de carrera y con perro caliente en su lugar de trabajo. Paralelamente, otras personas se encargan de su hijo: cambiarle los pañales, darle el biberón, alcanzarle los juguetes, colocarle el termómetro si tiene fiebre, secar sus lágrimas si llora, acunarlo y dormirlo; y, por eso, lo que crece en regazos extraños no es su hijo sino un vago proyecto humano que puede desembocar en cualquier cosa: un invertido sexual, un drogadicto, un ateo, una prostituta o ladrona, etc; o, cuando menos, una persona amargada, un desadaptado social.

ESCLAVAS DE LA LIBERACIÓN

Esta pobre mujer de hoy, esclava de su propia liberación, no da abasto para tantas ocupaciones y preocupaciones: el trabajo extenuante fuera del hogar, la continua actualización profesional, los compromisos sociales, el gimnasio, la sala de belleza, los viajes de gestión; y, claro, la rutina erótica, todo marcado con un sello de glamour imprescindible. Además, si es cristiana —caso poco frecuente—, a todo lo anterior se añade el servicio dominical, cuando no, la reunión de damas u otras actividades similares. Por eso, algunas veces, al borde de un ataque de nervios, termina desmadejada en el diván de Freud, quejándose de que su compañero sentimental no la comprende.

Pero, ¿cómo se puede comprender algo así? Señoras, por favor, los enigmas se admiran y se aman, pero no se descifran. Los inteligentes varones (mejor dicho, los varones inteligentes, ya que muchos no son muy inteligentes aunque sean muy varones) deberían meditar en estas cosas y abstenerse de emitir ligeros juicios de valor sobre las reacciones femeninas. Las damas no son hombres, eso es todo. Y, como dicen los franceses: *«¡Vive la diference!»* Pero si usted se imagina que el estrés femenino es solo asunto de nuestra actualidad, que hubo alguna edad de oro en la cual las mujeres llevaron vidas plácidas y sin atafagos, está muy equivocado. Por lo menos mi Biblia, que habla para todas las épocas y sociedades, describe a la mujer virtuosa como fuerte y serena en medio de múltiples ocupaciones:

«Mujer ejemplar, ¿dónde se hallará? ¡Es más valiosa que las piedras preciosas! Su esposo confía plenamente en ella y no necesita ganancias mal habidas. Ella le es fuente de bien, no de mal, todos los días de su vida. Anda en busca de lana y lino, y gustosa trabaja con sus manos. Es como los barcos mercantes, que traen de muy lejos su alimento. Se levanta de madrugada, da de comer a su familia y asigna tareas a sus criadas. Calcula el valor de un campo y lo compra; con sus ganancias planta un viñedo. Decidida se ciñe la cintura y se apresta para el trabajo. Se complace en la prosperidad de sus negocios, y no se apaga su lámpara de noche. Con una mano sostiene el huso y con la con otra tuerce el hilo. Tiende la mano al pobre, y con ella sostiene al necesitado. Si nieva, no tiene que preocuparse de su familia, pues todos están bien abrigados. Las colchas las cose ella misma, y se viste de púrpura y lino fino. Su esposo es respetado en la comunidad, ocupa un puesto entre las autoridades del lugar. Confecciona ropa de lino y la vende, provee cinturones a los comerciantes. Se reviste de fuerza y dignidad, y afronta segura el porvenir. Cuando habla, lo hace con sabiduría; cuando instruye, lo hace con amor. Está atenta a la marcha de su hogar, y el pan que come no es fruto del ocio. Sus hijos se levantan y la felicitan; también su esposo la alaba: Muchas mujeres han realizado proezas, pero tú las superas a todas. Engañoso es el encanto y pasajera la belleza; la mujer que teme al Señor es digna de alanza. Sean reconocidos sus logros, y públicamente alabadas sus obras» (Proverbios 31:10-31).

Esposa, madre, ama de casa, mujer de negocios, ella lo tiene todo bajo control, empezando por su carácter. Astuta para las finanzas, previsiva en su despensa, prudente en su conversación, sombra protectora para sus hijos, patrona justa con su servidumbre, vestida de ropas espléndidas, está casada con un hombre respetado en la comunidad, de quien es amante y solícita compañera, dándole bien y no mal todos los días; recibe elogios de su marido, sus hijos y sus subalternos. Y todo por una sola razón: ella teme a Dios. Esa es su clave maestra. ¡Vitalismo espiritual!

Obsérvese que el Sagrado Libro no condena el trabajo femenino, sino lo exalta, dejando bien claro, eso sí, que debe realizarse sin que interfiera las labores hogareñas, sino en perfecta coordinación con ellas. Pero no todas son mujeres «Proverbios 31»; algunas, más bien, encajan en Ezequiel 16, descarnado texto erótico-profético. Por ejemplo, la prostituta elegante (damisela le decían en otros tiempos) que todo lo consigue por medios persuasivos eróticos; sus aires de importancia personal nacen de que cada día la ven acompañada de un tipo distinto, que le financia sus costosos gustos y caprichos. Cambia de hombres como de collares. Ronda también por ahí la escabrosa *Lolita*, de Wladimir Nabokov, haciéndole chorrear la baba y el dinero a su vejete. Desde luego, hace su trabajo sucio —hoy aplaudido por muchos— una versión *snob* de la *Madame Bobary*, de Flaubert, y otra realista de la *Bella de día*, de Buñuel.

Muy conocida es, también, la profesional domiciliaria: usurpa los nombres de profesiones legítimas y honestas que otras mujeres buenas ejercen, y se dice masajista, quiropráctica, instructora de gimnasia o terapeuta respiratoria para encubrir su ninfomanía económica. Impresiona, por otra parte, el caso de señoras que, a escondidas y a veces disfrazadas, frecuentan sórdidos establecimientos de *strep-teasse* masculino, donde chillan alrededor de mancebos desnudos como orangutanas en celo. Pareciera cumplirse ya el vaticinio de Isaías:

> «En aquel día, siete mujeres agarrarán a un solo hombre y le dirán: De alimentarnos y de vestirnos nosotras nos ocuparemos; tan solo déjanos llevar tu nombre: ¡Líbranos de la afrenta! (Isaías 4:1).

SUFRAGIOS Y TRABAJOS

Las enormes tensiones creadas por la sociedad feminista han hecho que gran parte del trabajo de las llamadas ciencias psíquicas —psicología, psiquiatría, psicoanálisis, psicoterapia, etc.— se ocupen en descifrar el alma femenina; que, por su lado, los tribunales de justicia inviertan la mayor parte de su tiempo en pleitos relativos a mujeres; que los consultorios médicos tengan una clientela formada mayoritariamente por mujeres; que la publicidad dirija sus más sofisticados esfuerzos a las mujeres; y que las oficinas de consejería de las iglesias cristianas estén llenas de mujeres, como consejeras y como aconsejadas.

Con todo, lo que se ha llamado «el eterno femenino» sigue siendo eterno y sigue siendo femenino, pese al ataque masivo que ambos conceptos han recibido en los últimos tiempos. A lo eterno se opone lo efímero: nadie se preocupa por lo ulterior, todos se afanan en el inmediatismo. A lo femenino se enfrenta lo indefinido —hermafroditismo— y lo adverso —lesbianismo—, pero el eterno femenino es, pese a ello, femenino y eterno. Gracias a Dios. Todavía, en muchos casos, sigue vigente la afirmación de Paul Geraldy: «La mujer elige al hombre que la elegirá».

Es claro que la mujer ha logrado ser más independiente y activa, obligando de paso al varón a democratizar sus relaciones con ella. Muy lejos, en el desván de temas inservibles, quedaron las famosas tres K de las alemanas: Kuche, Kleider, Kinder, es decir, cocina, ropas, niños; que algunos, por cierto, habían modernizado por Kuche, Kirche, Kinder, o sea: cocina, iglesia, niños. Hoy se repite en muchos hogares la imagen de Xantipa, la esposa de Sócrates, humillando al tonto de su marido por la ignorancia que muestra en los asuntos domésticos. El pobre hombre no servía para nada porque solo quería conocerse a sí mismo. Hoy la mujer, en muchos casos, exhibe una agresividad de corte masculino. Feminismo anti-femenino.

Nadie duda que la liberación femenina era necesaria. Durante un largo período histórico hubo una relación iglesia-burguesía que sojuzgó por igual a las mujeres y a los trabajadores. Las reacciones proletaria y feminista fueron respuestas naturales a la represión que provenía tanto de los foros políticos como de los púlpitos eclesiásticos. En la búsqueda del equilibrio, esencial al desarrollo de la sociedad humana, los extremos se manifiestan con agresividad. Uno de ellos, el feminismo, tuvo conquistas valiosas: en su condición de ser humano la mujer necesitaba ciertamente igualdad de oportunidades en cuanto al sufragio y el trabajo. La doctrina cristiana había nivelado a todos los seres humanos y no se encontraban justificaciones en las Sagradas Escrituras para colocar a la mujer en un peldaño inferior al del hombre dentro de la escala social. Hasta allí, las cosas eran correctas, equitativas, bíblicas.

Los problemas comenzaron cuando, a la sombra de tan sanos razonamientos y buenas intenciones, crecieron fuerzas oscuras, entre ellas la del lesbianismo, para cruzar la frontera de lo justo y aceptable, e ir al campo vedado de lo aberrante: aberrante en lo sexual, en primer término; pero aberrante, así mismo, en lo político y en lo religioso. La discriminación sexual nunca ha existido; todo el mundo ha hecho cuanto le ha venido en gana en esta materia, sin que los demás se lo hayan obstaculizado en forma alguna. Lo único que se ha intentado contra el libertinaje sexual es su denuncia a través de sermones religiosos y discursos políticos. Ha habido, en general, mucha compasión y, últimamente, tolerancia excesiva hacia tales conductas. Las lesbianas existieron siempre, solo que ahora quieren convertir su desviación en un timbre de honor. ¡Muy Coco Chanel!

LESBIANISMO

Lesbiana es el gentilicio de las nativas de Lesbos, una pequeña isla griega que tuvo cierta importancia mitológica y literaria, de donde era oriunda la poetisa Safo, a quien se atribuyen conductas homosexuales femeninas, pese a que se sabe estuvo casada y tenía una hija. Como quiera que sea, lesbianismo es la nomenclatura científica para designar el absurdo que hace a una mujer buscar satisfacción erótica en su congénere en vez de procurarla en el varón. Cuando practica las dos cosas, se trata propiamente de una persona bisexual, es decir, alguien que se dedica por igual, en forma alterna o simultánea, a actividades sexuales con individuos de los dos géneros, masculino y femenino. Como lo ha señalado Kolosimo:

> «En sus manifestaciones exteriores, la homosexualidad femenina es mucho menos manifiesta que la masculina, e incluso las relaciones físicas se desarrollan en un plano fundamentalmente distinto. Los psicoanalistas saben muy bien que numerosísimas herederas de Safo se limitan a mutuas demostraciones de ternura que no parecen afectar en modo alguno a la esfera sexual. El gran público lo ignora, como ignora que la homosexualidad

femenina y la masculina echan sus raíces en terrenos completamente distintos».[3]

Es muy lamentable registrar el hecho, científicamente confirmado, de que las lesbianas son casi siempre producto de una reacción al comportamiento masculino frente a las mujeres: traumas psíquicos causados por pedófilos, exhibicionistas, voyeristas, etc; y, también, de algún *shock* dentro de las relaciones sexuales normales. La sensibilidad femenina es muy profunda y, para ella, el amor encarna lo más importante de la vida. Generalmente la homosexualidad de las mujeres es un escape inconciente de frustraciones padecidas en el campo de la heterosexualidad. Es muy significativo, a este respecto, lo que afirma Frank S. Caprio:

> «Los mayores responsables de la homosexualidad femenina son los hombres: expresiones triviales, egoísmo, brutalidad, insuficientes conocimientos en el campo sexual, pueden herir a una mujer de manera irreparable».[4]

En la Francia del siglo XVIII surgió y tuvo gran aceptación una secta llamada Vestales de Venus, formada por mujeres invertidas que condenaban el matrimonio con el argumento de que tal institución

---

3. Meter Kolosimo, *Psicología del erotismo*, Plaza & Janés, S.A., Editores, Barcelona, 1970.
4. *Ibidem*.

oficial sentenciaba a una muchacha a ser esclava del marido, obligada por ley y viva fuerza a satisfacerlo en sus apetitos y violencias, someterse a las contingencias y los riesgos de la maternidad para verse irremediablemente rechazada y abandonada al final de sus días. Aunque la homosexualidad femenina es tratada con mayor indulgencia que la masculina en casi todas partes del mundo, no se olvide que las Sagradas Escrituras la condenan por igual en forma terminante:

> «En efecto, las mujeres cambiaron las relaciones naturales por las que van contra la naturaleza. (Romanos 1:26[a]).

En la época de San Pablo la promiscuidad sexual alcanzaba niveles tan alarmantes como los que hoy mismo enfrentamos. *Vidas de los Doce Césares*, de Suetonio, demuestra que la corrupción comenzaba directamente en la cabeza del imperio. Conocemos en detalle las perversiones de Nerón, el anticristo de aquel tiempo —según se pensaba—, así como las aventuras de Marco Antonio y Cleopatra, objeto de superproducciones cinematográficas y televisivas; pero hay otros casos igual o mayormente asquerosos, como las orgías lésbicas de las vestales en sus reclusorios. A Julio César lo llamaron, en pleno senado, «el marido de todas las mujeres y la mujer de todos los maridos»; Calígula protagonizaba sexo colectivo con el concurso dinámico de sus cuatro hermanas; Tiberio llegó a colocar niños lactantes en sus genitales. El caso de Mesalina, «mejor no meneallo», como diría don Quijote.

CORTESANAS

La cortesana que medra desde el lecho del gobernante no es invención contemporánea; ya existía desde los tiempos de Salomón. Aspasia apasionó a Pericles y llegó a ser su esposa; Thais, apenas sepultado Alejandro Magno, saltó a los brazos de Ptolomeo; madame Pompadour alentó, desde los almohadones de Luis XV, el trabajo de los enciclopedistas y las rameras por igual; Josefina, bajo frazadas, fue la emperatriz del emperador; Manuelita Sáenz urdió conspiraciones en los brazos mismos de Bolívar. (Curiosamente, la historia oficial de Colombia llamó, hasta hace pocos años, a esta trepadora quiteña «ama de llaves del Libertador», expresión cuya lectura hacía sonreír a los niños de primeras letras). No es cosa nueva que, avanzado el siglo XX, el gobierno británico cayera estrepitosamente cuando el ministro Profumo se enredó en las largas pestañas de Christian Keller, una versión «nueva ola» de Mata Hari. Ni hay que extrañarse si una vez, en la propia Casa Blanca, Marylin Monroe ululó —con la voz erotizada, los ojos entornados y el busto a reventar— ante su amante Kennedy, joven emperador de una nueva Roma: «Happy birthday, mister President, happy birthday to you».

Todo el mundo sabe que Kennedy llegó a compartir su amante con Sam Giancanna, uno de los más prominentes mafiosos de la época. El hecho de ignorar tal dualidad no lo releva a JFK del juicio histórico sobre su desbordado erotismo; aunque, por otra parte, justo es reconocer los grandes avances sociales de su administración.

Una diferencia anglo-latina radica, precisamente, en la reacción colectiva a los escándalos sexuales de las figuras políticas. El periodista colombiano Enrique Santos Calderón ha señalado a este respecto cómo el narcotráfico, el saqueo del erario público, el enriquecimiento ilícito y muchos otros males que aquejan a las élites son recibidos con alarma en América Latina, no así las relaciones sexuales ilícitas, que en Estados Unidos, por contraste, arruinan una carrera pública. En un reciente libro de su autoría, Santos señala:

> «La diferencia, en fin, entre la cultura latina e hispana, mestiza, hedonista y tropical, más tolerante ante las debilidades de la carne, y la rigidez anglosajona, calvinista y puritana, que condena los deslices eróticos como graves fallas de carácter en un hombre público».[5]

Como el propio Santos lo advierte, hay excepcionales antecedentes en la política norteamericana; entre ellos, los de líderes tan austeros como Franklin Roosevelt, galante conquistador, y el general Eisenhower, cuyos deslices clandestinos se conocieron con treinta años de retraso. En otro país situado al lado opuesto del Atlántico y llamado Francia los devaneos sexuales de los políticos son cosa común y corriente, que a nadie inquieta ni impresiona en lo

---

5. Enrique Santos Calderón, *Fiestas y funerales*, Intermedio Editores, Bogotá, 2002, pág. 203.

más mínimo; hasta el punto de que al funeral de Mitterrand asistieron su legítima esposa Danielle, su conocida amante Anne Pingeot y su hija natural Mazarine, unidas las tres, vestidas de luto y con ropa de marca, frente al féretro. The New York Times, al comentar tan brusca diferencia latino-anglosajona dejó escrita esta perla: «Aún no estamos listos para el funeral de Mitterrand».

Pese a todo ello, es inocultable que el viejo puritanismo exhaló su último suspiro cuando Bill Clinton pidió perdón por sus desvíos y el espíritu cristiano de sus gobernados, guiado por el inconciente colectivo, se lo concedió ampliamente; pero la reacción no se hizo esperar: en los comicios siguientes fue elegido como sucesor del ojeroso penitente un político que se proclama cristiano, George W. Bush, de quien se espera un retorno a las raíces espirituales que engrandecieron a los Estados Unidos. Hace falta un toquecito —ni muy muy ni tan tan— de la vieja moral wesleyana.

JEZABEL AL ACECHO

Los grupos religiosos también tienen sus cortesanas. La más conocida, aunque no siempre reconocida, es la beata de alma insaciable, que recibe un sueño o una visión sobre el hombre que Dios tiene señalado para ella y encamina todos sus esfuerzos manipuladores al cumplimiento de esa personal predestinación. Alguna ha seducido al soltero; pero otra, lamentablemente, arrasa con artes adivinatorias la santa institución matrimonial, produciendo un divorcio no bíblico para conseguir su cometido. El apocalíptico espíritu de Jezabel ronda alrededor de los templos, las oficinas pastorales y los hogares de los siervos de Dios.

>«Sin embargo, tengo en tu contra que toleras a Jezabel, esa mujer que dice ser profetisa. Con su enseñanza engaña a mis siervos, pues los induce a cometer inmoralidades sexuales y a comer alimentos sacrificados a los ídolos. Le he dado tiempo para que se arrepienta de su inmoralidad, pero no quiere hacerlo» (Apocalipsis 2:20-21).

Nunca olvidemos que donde abunda el pecado sobreabunda la gracia. Sociedades de alto riesgo moral, como la nuestra, son el mejor terreno para el evangelio. Bajo Augusto y hasta Tiberio, período de asombrosa similitud amoral al que hoy atravesamos penosamente, el Hijo de Dios se hace carne y habita entre los hombres para dar explosión al cristianismo como la gran fuerza moralizadora de la historia. Tal fuerza puede reactivarse en nuestro tiempo, tanto como en aquel, si la iglesia se abre al poder del Espíritu, acercándose a los pecadores de hoy como Jesús a sus coetáneos: no para condenar sino para salvar al ladrón y al asesino; pero también, a la adúltera, la prostituta y la divorciada, mujeres de ayer tan parecidas a las de hoy. A riesgo de ser lapidado desde algunos púlpitos, quisiera hacer mías estas palabras de José Luis Aranguren:

«Haciendo quizás un poco de abogado del diablo, diría que la posición del cristianismo en este campo ha sido más bien lamentable, cerradamente contraria a cualquier publicación de lo erótico, y favorecedora de mantenerlo en semiclandestinidad; y esto porque pesaban sobre él influencias de neoplatonismo, gnosticismo, maniqueísmo, catarismo, puritanismo, en suma desprecio de la carne y abrupta separación de la vida espiritual de todo cuanto tiene relación con lo erótico».[6]

Tras reclamar se tenga en cuenta la significación kerigmática del cristianismo, este discutido autor —de quien hay que examinarlo todo y retener lo bueno, como recomendaba en cualquier caso Pablo— llega a una conclusión que quizás todavía en nuestro avanzado siglo XXI puede ser recibida con recelo en muchos círculos de las religiones oficiales, sean católicas, ortodoxas o protestantes:

«La figura de Jesús en el Evangelio lo es todo menos una figura de católico reprimido, y el grupo social con el que trató fue justamente lo contrario de una sociedad de gentes puritanas y bienpensantes».[7]

El sexo es inherente a la naturaleza del ser humano, y hoy en día se habla de él de manera pública,

---

6. José Luis Aranguren, *Erotismo y liberación de la mujer*, Ediciones Ariel, Madrid, 1973, Pág. 68.
7. *Ibidem*.

abierta y aceptada. Si lo que se conoce como iglesia, ese algo amorfo sumido en la inanidad religiosa, no comprende esta tremenda realidad, seguirá mostrándose como un contramodelo de la iglesia verdadera, en la cual el erotismo debe ser tratado con dignidad como un maravilloso don divino para el hombre, no separado de su espiritualidad sino integrado a ella. La búsqueda de la felicidad conduce al cielo, ciertamente, pero la conducta humana —incluido lo sexual— si se somete a la Palabra de Dios, anticipa en la vida terrenal dosis regocijantes de la totalidad eterna. El erotismo es una manifestación —y no la menos importante— de la bondad de Dios para con su criatura. Satanizar el instinto sexual es el camino más directo a la disolución de las relaciones hombre-mujer; dignificarlo, encuadrándolo en las Sagradas Escrituras, restablecerá la familia como célula básica de la sociedad humana. Solucionismo bíblico. Por falta de respuestas específicas a realidades concretas dentro del cristianismo —parálisis teológica—, el tema erótico se halla en poder de los pornógrafos.

Quiera Dios que, al observar el avance de Playboy, los dirigentes religiosos y, sobre todo, los que actúan dentro del cristianismo, tengan presente que Hugh Heffner, el fundador de ese imperio del desenfado, es hijo de un evangélico raizal que lo sometió desde niño al legalismo inconsecuente. Ello le dio inspiración para su actual «apostolado», como se llama impúdicamente a un trabajo pornográfico de contracultura que solo busca derrocar a la moral cristiana. ¿Cuántos como él deciden mancillarse sexualmente como una forma de protesta contra la incomprensión, el rechazo o el abandono de que fueron objeto en hogares santurrones y aun dentro de los muros de un templo?

Ofrezco disculpas a mis lectores por no utilizar lo que muchos consideran el «lenguaje correcto», es decir, la jerga evangélica, especie de glosolalia criptográfica que solo entienden los iniciados. Como el caló de los gitanos. ¡Amén, hermano, aleluya! Un argot o germanía se desarrolla en grupos humanos cerrados que no descifran lo que pasa afuera ni quieren que se descifre lo que pasa adentro. Y, por eso, las puertas de las iglesias soportan —en vaivén— el choque de dos oleajes humanos: los que se sienten encarcelados y codean buscando la salida, y los que empujan porque quieren entrar y nadie les facilita el acceso. Inanidad religiosa.

Dios no le habla al hombre para que este no lo entienda; por el contrario, la función profética ha consistido siempre en llamar al pan pan y al vino vino, en ese sí sí y no no que Jesús reclama de sus discípulos. El predicador británico Jim Smith, episcopal carismático que visitó a mi país hace algunos años, me dijo sentencioso: «Los profetas no somos simpáticos, pues nuestra función no es repetir lo que la gente quiere oír, sino lo que el Señor manda a decir».

5

⁕ Fuego sobre Sodoma ⁕

*«La humanidad caída tiene el mismo sentido
que la animalidad, y la profanación el mismo
que la transgresión».*

BATAILLE

La homosexualidad no es un problema moderno, ni tuvo origen humano. Los estudiosos cristianos, independientemente de su orientación doctrinaria, aceptan por lo general, que ángeles caídos —curiosamente identificados por la Nueva Era como extraterrestres— trajeron semejante aberración a este planeta, junto con la idolatría, los horóscopos, el curanderismo y otras viejas novedades, descritas minuciosamente en el libro apócrifo de Enoc. Tales demonios, tangencialmente mencionados por la Biblia, en alguna forma —acaso por medio de posesos—, lograron comerciar carnalmente con las hijas de los hombres.

> «Cuando los seres humanos comenzaron a multiplicarse sobre la tierra y tuvieron hijas, los hijos de Dios vieron que las hijas de los humanos eran hermosas. Entonces tomaron como mujeres a todas las que desearon» (Génesis 6:1-2).

Según la Epístola de San Judas, estos seres cayeron en prácticas antinaturales, afirmación que no admite dudas sobre la índole del pecado que la Biblia les imputa y que no es otro que la sodomía.

> «Y a los ángeles que no mantuvieron su posición de autoridad, sino que abandonaron su propia morada, los tiene perpetuamente encarcelados en oscuridad para el juicio del gran Día. Así también Sodoma y Gomorra y las ciudades vecinas son puestas como escarmiento, al sufrir el castigo de un fuego eterno, por haber practicado, como aquéllos, inmoralidad sexual y vicios contra la naturaleza» (Judas 6-7).

No polemizaremos en cuanto a las diversas interpretaciones de la expresión «hijos de Dios» empleada por el libro del Génesis. Algunos piensan que alude a la línea virtuosa de Set, en oposición a los infieles descendientes de Caín; otros, que es una referencia a personajes de algún rango de la época; y no pocos, que se trata de una forma de identificar a ángeles rebeldes.

El Libro apócrifo de Enoc los llama «egrégores», de la raíz hebrea valientes, y sugiere que produjeron, al mezclarse con mujeres, la raza de los gigantes, idea que coincide con la Biblia:

> «Al unirse los hijos de Dios con las hijas de los seres humanos y tener hijos con ellas, nacieron gigantes, que fueron los famosos héroes de antaño. A partir de entonces hubo gigantes en la tierra» (Génesis 6:4).

Como quiera que sea, nadie pone en tela de juicio que la innegable civilización antediluviana —conducida por reconocidos «dioses», de cuyos hechos provienen todas las mitologías— estaba sumida en corrupción tan enorme que Dios decidió exterminarla mediante el castigo del agua, y que, a través de los descendientes del piadoso Noé fue conservada la especie humana hasta nuestros días. Tiempo después, los habitantes de Sodoma y Gomorra, y algunos asentamientos urbanos aledaños, recayeron en la depravación hasta extremos inimaginables, y entonces el fuego, como antes lo había sido el agua, sirvió de agente a la ira divina. A propósito, llama la atención que, recientemente, un incendio consumiera en Malibú, entre otras, las mansiones de reconocidos pederastas y lesbianas.

La desviación homosexual tuvo, pues, inspiración demoníaca, lo cual explica el que su práctica se halle ligada, en algunos casos, a ritos satánicos. Los hieródulos, o esclavos sexuales consagrados al servicio de un templo, están otra vez de moda en cultos clandestinos, pero eran ya conocidos en los tiempos de Tamuz. La Sagrada Escritura es terminante en reprensiones al homosexualismo; de hecho puede contarse casi medio centenar de pasajes bíblicos que se refieren al tema en forma condenatoria. El libro de Levítico advierte en lenguaje que no admite dudas:

> «No te acostarás con un hombre como quien se acuesta con una mujer. Eso es una abominación» (Levítico 18:22).

San Pablo fue especialmente severo al respecto, y su carta a los Romanos describe y reprende a la homosexualidad, tanto femenina como masculina, con vivas palabras que retoman plena actualidad:

> «... En efecto, las mujeres cambiaron las relaciones naturales por las que van contra naturaleza. Así mismo los hombres dejaron las relaciones naturales con la mujer y se encendieron en pasiones lujuriosas los unos con los otros. Hombres con hombres cometieron actos indecentes, y en sí mismos recibieron el castigo que merecía su perversión» (Romanos 1:26).

El mismo autor es tajante sobre la suerte de los afeminados y los que se echan con varones: No heredarán el Reino de Dios. Pero la misericordia vence, si hay arrepentimiento. He aquí una llave que algunos extraviaron: el cristianismo no es discriminatorio, sino inclusivo; cualquier persona cabe en él. Un espíritu de piadosa comprensión permitirá al homosexual —como a todo pecador— recibir el perdón divino y la regeneración en Cristo. Un falso concepto de la tolerancia prefiere dejar las cosas como están; pero cristianismo es nuevo nacimiento, el cual se produce en la vida actual, que es la única sobre la tierra. Debido al éxito del sub-bestseller *Muchas vidas, muchos sabios*, del curandero psíquico Bryan Weiss —inventor de las llamadas «regresiones», último embuste de la parapsicología—, muchos están convencidos de que un homosexual solo paga bajo su condición actual el karma de haber sido mujeriego en una vida anterior. En la sociedad posmoderna la homosexualidad se ha vuelto, no solo cosa común y corriente, sino un motivo de orgullo, debido a que figuras públicas de relieve la practican: Truman Capote, Rock Hudson, Gianni Versace, Elton Jones, etc. Pero el sida —cuyo origen es homosexual, así heterosexuales lo contraigan— es una demostración fehaciente sobre la segura ruina que acarrean hacia sí mismos quienes de tal manera se pervierten.

PRECISIONES

Muchos piensan, erróneamente, que la palabra «homosexual» se deriva de la raíz latina *homo*, que significa hombre; sin embargo, su prefijo proviene propiamente del griego *omos*, que quiere decir «igual»; por eso define a las personas de ambos géneros —masculino y femenino— que prefieren relacionarse sexualmente con quienes pertenezcan a su propio sexo. Semánticamente, homosexual es el antónimo de heterosexual, vocablo que define a quienes, por el contrario, practican la sexualidad con alguien del otro género, ya que *etero* significa opuesto.

La palabra pederastia, que ha sonado mucho en este inicio secular y milenial, definía originalmente entre los griegos la pasión erótica por los niños, pero ha extendido su significación a toda la homosexualidad masculina. Hoy se define expresamente como pedofilia la afición sexual por los menores, que lleva a sus practicantes a la insania de pervertir a seres indefensos e inocentes. ¡Oh, que Cristo clame otra vez su advertencia!

> «Pero si alguien hace pecar a uno de estos pequeños que creen en mí, más le valdría que le ataran al cuello una piedra de molino y lo arrojaran al mar» (Marcos 9:42).

En Grecia, durante un breve período y, al parecer, para contrarrestar alguna forma de matriarcado, los varones se protegieron entre sí y terminaron por enredarse sexualmente. Hubo una temporada en la cual se proclamaba como cosa corriente: «La mujer es para la reproducción y los efebos para los placeres». Las leyes de Solón reglamentaron esta práctica obligando a los pederastas a utilizar para ella solamente a mancebos de las clases adineradas, para evitar el abuso que se hacía de muchachos pobres, quienes entregaban sus cuerpos a cambio de retribuciones económicas. Las cosas son muy graves cuando hay que buscar el mal menor.

En aquella sociedad hubo homosexuales de renombre, entre ellos el propio Solón, uno de los legendarios siete sabios; y, también, los hijos del tirano Pisístrato, el primer autor trágico Esquilo, el héroe de Salamina Temístocles, y hasta Arístides quien disfrutaba fama de probidad. Para el célebre filósofo Aristóteles, si el amor tenía por objeto una mujer se trataba de una simple pasión fisiológica; en cambio, si estaba inspirada por un muchacho, tenía como base un instinto de sociabilidad, sin excluir el deseo sexual.

Algunos invocan este antecedente para respaldar sus actuales demandas sobre igualdad de los homosexuales; y no pocos están convencidos de que un resurgimiento de una sociedad tan brillante como la griega solo será posible si los invertidos encuentran hoy tanto campo de acción como tenían entonces para sus desvaríos. Es mera ficción que la homosexualidad haya hecho parte sustancial de la historia humana; pues, aunque ella ha existido en todas las épocas, fue siempre condenada como una práctica contraria a la moral y las buenas costumbres, con excepción de una breve temporada en Japón y casos aislados de grupos tribales primitivos. Los códigos de los distintos estados, en todo tiempo sin excepción, han señalado esta conducta como una perversión.

Quienes asumen la defensa de una «cultura *gay*» omiten mencionar, por ejemplo, que en la *Edad de Oro* de Atenas la homosexualidad era condenada por la ley y castigada severamente. Salvo por interpretaciones traídas de los cabellos, Sócrates y Platón no eran homosexuales; por el contrario, en muchas ocasiones se opusieron en forma vehemente a tal conducta. Platón fue víctima de sodomía y habló de esa experiencia como de la más humillante de su vida.

Su diálogo *El Simposio* ha sido interpretado de dos maneras: la primera lo juzga como si fuera producto de la mente depravada de un pederasta; la segunda, alega que el famoso texto en realidad lo que plantea es la diferencia entre el amor «sagrado» que se basa únicamente en la armonía espiritual y la atracción de orden intelectual, del amor «profano» que solo busca una satisfacción de tipo físico. La primera añade que, si hay un tipo de amor que solo puede darse entre varones, promueve la relación homosexual. La segunda argumenta que más bien, se trata de lo que en forma convencional se ha llamado, precisamente, «platonismo».

DAVID Y JONATÁN

La Biblia distingue tres clases de amor: en primer lugar «amor *ágape*», el propiamente espiritual, que se definía antiguamente como caridad, es decir, amor a Dios y al prójimo; en segundo lugar, «amor *fileos*», que es la amistad; y en tercero, «amor *eros*», o sea, la atracción físico-sexual. Las traducciones bíblicas realizadas antes del moderno desarrollo de la ciencia lingüística tenían muchas dificultades; una de ellas era el uso de la palabra amor para los tres casos mencionados. Ahora bien, durante el siglo XX, debido a la difusión de la teoría freudiana, la acepción erótica del amor llegó a hacerse exclusiva, lo cual complicó la interpretación de algunos pasajes escriturales; y, así por ejemplo, de la estrecha amistad que entablaron David y Jonatán llegó a decirse, sin el menor asomo de pudor, que se trataba de una relación de tipo homosexual.

El hijo de Saúl tenía buenas razones para recelar del pastorcillo de Belén, ya que este a todas luces lo despojaría tarde o temprano de su derecho hereditario al trono, pero el Espíritu Santo puso en él un afán de proteger a su potencial rival, precisamente para que el plan de Dios pudiera llevarse a feliz término. En varias ocasiones Jonatán fue un instrumento para salvar la vida de David de manos de su envidioso padre, gestiones que realizaba en nombre de la amistad, un sentimiento que Jesús exalta al expresar que el mayor amor consiste en dar la vida por los amigos. De hecho, él mismo dice que está interesado en tener amigos, más que siervos; y, sin duda, muchos le sirven pero no entablan con él una amistad, tal como sucede muchas veces, en las relaciones obrero-patronales. En la batalla final de Saúl, muere el rey y, junto con él, su hijo Jonatán; y es aquí donde se ha tomado pie para la absurda conclusión ya aludida, porque David compone un himno cuya traducción en el estilo tradicional decía:

>«Angustia tengo por ti, hermano mío Jonatán, que me fuiste muy dulce. Más maravilloso me fue tu amor que el amor de las mujeres» (2 Samuel 1:26 RVR).

Tal forma de expresarse en tiempos del duque de Ferrara, vaya y venga; pero durante la modernidad, período de tan fuerte énfasis erótico, que un mujeriego incorregible declare que el amor de otro hombre le resultó mas dulce que el de las mujeres, es francamente sospechoso. Gracias a Dios, las nuevas revisiones y versiones, al actualizar el lenguaje, han dejado claro el mensaje:

> «¡Cuánto sufro por ti, Jonatán, pues te quería como a un hermano! Más preciosa fue para mí tu amistad que el amor de las mujeres» (2 Samuel 1:26 NVI).

David, entonces, amaba a las mujeres con amor «eros», y a Jonatán, con amor «fileos». Poco a poco, sin dar zancadas de improvisación, las Sagradas Escrituras deben adoptar una forma literaria, acorde no solo con la época, sino con las particularidades lingüísticas de cada región del mundo, como lo hace la Nueva Versión Internacional en el caso de América Latina. Sin olvidar que el erotismo, como todo lo básico del hombre, tiene sus propios modales y vocablos sobreentendidos por encima de diferencias geográficas o étnicas; y, por eso, el rabino Shmuley Boteach, autor del éxito de librería *Kosher Sex*, que ha provocado aplausos y rechiflas por igual, comenta el caso de una señora que domina a la perfección ocho idiomas, pero no sabe decir no en ninguno de los ocho.

MITOS Y TABÚES

El plausible deseo de acercarse a personas que, por alguna razón, son refractarias al matrimonio, ha llevado a algunos predicadores a cometer excesos o ligerezas. Por ejemplo, durante un concierto cristiano realizado en el sur de la Florida, un cantautor quiso ser original al decir que la «ayuda idónea» del varón bien podría ser otro hombre, como sucedió en el caso de Baruc y Jeremías, dos jóvenes profetas que ejercían un ministerio hasta cierto punto de consuno; ello se prestó para que muchos de los asistentes supusieran que se estaba autorizando la relación homosexual entre siervos de Dios. Faltó claridad para decir que secretario, asistente o colaborador no significa lo mismo que amante.

Hay diferencias sustanciales entre los músicos cristianos de ayer y los de hoy: Antes, los himnos de clásica factura eran compuestos por teólogos para ser cantados por gente formal en el estrecho marco de los templos; hoy los cantautores y sus *«hits»* de moda desbordan el aforo de los coliseos deportivos con muchedumbres jubilosas que vitorean a Dios estrepitosamente. ¡Bello espectáculo, sin duda! y todo bien hasta allí; pero las cosas se complican cuando, como en el caso comentado, los músicos pretenden ser teólogos. Si los siervos de Dios no nos repartimos el trabajo racionalmente, bajo la vieja perogrullada «zapatero a tus zapatos», seguirán proliferando brotes variados de nicolaísmo en las congregaciones cristianas y pronto enfrentaremos los matrimonios masivos de homosexuales y lesbianas, al estilo de los que suele realizar el «reverendo» Troy Perry, cuya «iglesia» extiende su epidemia espiritual a todo el territorio norteamericano y cuenta con misiones en quince países, entre ellos México, Perú y Argentina.

Quienes piensan que la oposición al homosexualismo es solo una reacción sectaria de la derecha religiosa posmoderna, pasan por alto un dato muy antiguo: el gran legislador Hamurabi —en quien algunos creen hallar un antecesor e inspirador de Moisés—, tildó abiertamente al homosexualismo como «una mancha de la que ningún hombre puede limpiarse». Ni qué decir de la tradición judeo-cristiana, cuyos libros sagrados y leyes, que le han dado contenido y significación al desarrollo social del hombre, no dejan dudas, ni siquiera mínimas, sobre la condenación de tales prácticas.

Por otra parte, es hiperbólica la afirmación de que las obras cumbres de Occidente han sido realizadas por genios homosexuales, hecha recientemente por David Thorstad, miembro de NAMBLA. (Esta sigla se descompone como North American Man-Boy Love Association, es decir, Asociación Norteamericana de Amor entre Hombres y Niños, y define a un grupo de pedófilos adultos.) Las estadísticas refutan tan peregrina afirmación, al demostrar que los homosexuales son una minoría ínfima, cuantitativa y cualitativamente.

El profesor Luis López de Mesa demostró, en sus ensayos sobre la sociedad contemporánea,[1] que toda la actividad humana del siglo XX giraba alrededor de cuatro judíos: Carlos Marx, creador del socialismo; Sigmund Freud, descubridor del psicoanálisis; Albert Einstein, quien desintegró el átomo y planteó la relatividad universal, y Jesús de Nazaret. Descontada la

---

1. Luis López de Mesa, *La sociedad contemporánea*, Ed. Minerva S.A., Bogotá, 1937.

purísima figura de Jesús, que trasciende a todas las clasificaciones, valdría la pena preguntarse ¿cuál de los tres genios mencionados fue homosexual? Y, desde luego, ha habido homosexuales notorios en muchas épocas: el emperador Adriano, Leonardo da Vinci, Oscar Wilde, Verlaine y Rimbaud, Salvador Dalí, y cuántos más; pero un examen minucioso y desapasionado de las grandes conquistas humanas deja por tierra la arbitraria aseveración de que el progreso es obra de los homosexuales. Se desconocen tales desvíos en Graham— Bell, Marconi, Openheimer, Fermi, Hawking, Trinh Thuan, Fleming, Hansen, Marañón, Patarroyo... A muchos genios se los ha calumniado, a otros se les ha atribuido como permanente lo que fue en ellos un desliz pasajero, y alguno más, a lo sumo, sería eventualmente bisexual. Es abusivo forzar excepciones para volverlas reglas.

No pertenecieron a ese perturbado grupo, para citar casos que saltan a la vista, Galileo ni Copérnico, Humbolt ni Laplace. Tampoco Louis Agassiz, padre de la ciencia glacial; Wiliam Foxwell Albright, arqueólogo número uno del siglo XX; Charles Babbage, inventor de la computadora; Francis ni Roger Bacon, precursores del método científico; tampoco el gran botánico John Bertram, ni sir Charles Bell, realizador del primer mapa del cerebro y del sistema nervioso. Tampoco militaron en las filas del homosexualismo el fundador de la química moderna Robert Boyle, el eminente geólogo británico William Auckland, el fundador de los estudios de paleontología y anatomía comparadas George Cuvier, el padre de la moderna teoría atómica John Dalton, el inventor de la geometría analítica y máximo filósofo francés René Descartes, el fundador de la entomología moderna Jean-Henri Fabre, el fundador de la teoría del campo electromagnético Michael Faraday, el autor del primer catálogo moderno de las estrellas John Flamsteed.

No fueron homosexuales John Ambrose Fleming, inventor del diodo; Nehemiah Grew, fundador de la fitotomía; Stephan Hales creador del método físico para la biología; Joseph Henry, descubridor del principio de la autoinducción; William Herschel, descubridor del planeta Urano; sir William Huggins, el primero en medir la velocidad de las estrellas y su composición química; James Joule, creador de la primera ley de la termodinámica.

DESVIACIÓN Y PROGRESO

Hemos avanzado mucho sin el concurso de los homosexuales. Las leyes del movimiento planetario fueron descubiertas por Johannes Kepler, la fabricación de productos químicos sintéticos es obra de John Kidd, el cálculo fue invento de Gottfried Wilhelm Leibniz, la taxononía lo es de Linneo, la cirugía antiséptica es posible gracias a Lister, la teoría electromagnética la formuló Maxwell, el padre de la genética es Mendel, quien fundó la sismología y descubrió los agujeros negros fue Michel, y el inventor del telégrafo Samuel Morse. Ni qué decir de Thomas Alva Edison, campeón mundial de los inventos.

¿Cuántos genios homosexuales son responsables del gran progreso alcanzado por la especie humana?

Por cierto no Newton, descubridor de la gravedad universal; ni Ambrosio Paré, pionero de la cirugía moderna; ni Blas Pascal, fundador de los estudios probabilísticas y la hidrostática; ni Louis Pasteur, quien develó la teoría de la generación espontánea; ni William Mitchell Ramsay, máxima figura de la arqueología del Asia Menor; ni sir Henry Rawlinson, quien descifró la escritura cuneiforme.

La ciencia y la tecnología se han defendido muy bien sin el concurso de los homosexuales. Díganlo, si no, la clasificación según especies realizada por John Ray, la geometría no euclídea de Bernhard Reimann, el cinematógrafo de Peter Mark Roget, la anestesiología de sir James Simpson, la teoría del carácter ondulatorio de la luz y el sonido de George Stokes, la cura del paludismo ideada por Thomas Sydenham, el anemómetro inventado por William Whewell, los viajes espaciales que fueron posibles gracias a Werner von Brawn. La nómina transcrita en los párrafos anteriores es necesariamente parcial, pero todos los genios en ella incluidos fueron creyentes en Dios.

INVESTIGACIONES Y ABERRACIONES

Salen mal librados también quienes pretenden vender la idea de que el diez por ciento de la población mundial está formado por *gays*. Tal estadística se fundamenta en inmorales y fraudulentos trabajos realizados por el doctor Alfred C. Kinsey, un reconocido pederasta que no era psiquiatra, ni sexólogo, sino experto en clasificación de insectos de la Universidad de

Indiana. Investigadores serios demostraron que el censo de Kinsey se realizó entre sujetos que eran o habían sido prisioneros, asistentes a seminarios sobre problemas de sexualidad y practicantes de la prostitución. La muestra no tomó en cuenta otra clase de personas, por ejemplo, las que asistían a iglesias o llevaban vidas normales de trabajo.[2]

Por el contrario, los últimos estudios sobre el tema, realizados por otros individuos y entidades, todos independientes y de reconocida probidad, como el *Alan Gruttmacher Institute Journal*, muestran que apenas un dos por ciento de la población puede calificarse como homosexual. Se trata, pues, solamente de una minoría bulliciosa.[3]

Durante buen tiempo se consideró al homosexualismo como una psicopatía, pero no hace mucho la American Psichiatric Association lo retiró de ese catálogo. A poco andar, investigadores acuciosos se entusiasmaron por atribuirle una base genética, hormonal, neurológica o cerebral y llegaron a afirmar que se podía nacer homosexual. Analizaremos las respuestas científicas ofrecidas hoy con seriedad a tales aseveraciones. Los doctores Paul Billing y Jonathan Beckwith, de autoridad científica mundialmente reconocida, demostraron que la diferencia observada entre los cerebros de los sujetos investigados para tal efecto no era congénita, sino ocasionada por la conducta. La genética del comportamiento demuestra que el homosexual no nace sino se hace, y

---

2. www.vidahumana.org., *Mitos acerca del homosexualismo*, 2002.
3. USA Today, EE.UU., 15 de abril de 1993.

quienes consideran innata esta aberración, sencillamente confunden el efecto con la causa.[4]

En algún momento de la vida, casi siempre durante la primera infancia, una experiencia homoerótica desencadena el proceso que desemboca en la práctica del homosexualismo.

El doctor Simón Le Vay, quien previamente se había declarado homosexual, produjo mucho escándalo al publicar un estudio en la revista *Science* en el cual mostraba evidentes diferencias en cerebros de hombres heterosexuales y homosexuales. Lo que ni Le Vay ni sus corifeos dijeron entonces (1991) ni han aceptado después, es que los cuarenta y un cadáveres examinados eran de homosexuales que habían muerto de SIDA, enfermedad que afecta el tejido cerebral.[5]

En otra investigación, realizada por los doctores Bailey y Pillard, se quiso demostrar el origen genético de tal desviación mediante el análisis de mellizos homosexuales; pero pronto la doctora Ann Fausto-Stirling, de Brown University, dijo que se trata de una mala interpretación genética que ha debido realizarse en mellizos criados aparte, pues los que crecen juntos tendrán parecidas experiencias familiares y ambientales, no solo genes idénticos.[6]

Un estudio más pretendía concluir que el origen de la homosexualidad se encuentra en el gen XQ28,

---

4. El Tiempo, Diario de la Mañana. *¿Se nace gay?* Diciembre 31, 1993, pág 5.
5. www.mercaba.org., *Lo que usted debe saber sobre el homosexualismo*, 2002.
6. *Ibidem*.

proveniente de la madre; pero hasta hoy tal gen solo existe en teoría, pues nadie ha tenido el honor de conocerlo, y ya pasa al archivo de mitos inservibles junto al eslabón perdido de los evolucionistas. No se ha podido, pues, demostrar que la homosexualidad sea resultado de alguna causa biológica, genética o neuro-hormonal; estas pueden, en efecto, inclinar a unas personas más que a otras pero no obligarlas a tal práctica, y, de todas maneras, ha sido demostrado con creces que, quienes buscan ayuda profesional y espiritual adecuada, se curan de tal perversión. Bien conocidas son las declaraciones de la doctora Ana Freud, hija del ilustre Sigmund, sobre el éxito obtenido por ella en la rehabilitación de homosexuales a través de la psicoterapia. Peter Kolosimo, por su parte, declara:

> «La psicoterapia ha logrado, desde luego, que homosexuales se dirigiesen establemente hacia las relaciones heterosexuales; si la homosexualidad fuese determinada por factores hormonales, la psicoterapia no tendría poder alguno».[7]

ANDROGINISMO

En el siglo XXI el mítico hijo de Hermes y Afrodita desfila, ambiguo, sobre las pasarelas. Hombres de

---

7. Peter Kolosimo, *Psicología del erotismo*, Plaza & Janés S.A. Editores, Barcelona, 1970, pág 356.

arete y mujeres de cubilete difuman la frontera de los sexos en un si es no es masculino-femenino-varonil-feminoide, a través de un hermafroditismo creciente que invade actividades como la moda y el espectáculo. La fábula relata que Hermes, el dios del comercio, y Afrodita, la diosa de la belleza, se unieron apasionadamente y, queriendo que su hijo tuviera las cualidades de ambos por igual, concibieron a este personaje que borra las diferencias sexuales al poseer los órganos y características de los dos.

Llámase hermafroditismo a un fenómeno que se da en algunas especies animales, como la tenia, y que puede presentarse excepcionalmente en vertebrados y mamíferos, incluído el «Homo Sapiens». Algunos sistemas ocultistas, entre ellos la teosofía y el rosacrucismo, sostienen que los primeros seres humanos eran hermafroditas —ellos los denominan propiamente andróginos— y que la creación de Eva mencionada en el libro del Génesis solo describe la separación de los dos sexos, ocurrida en determinado momento de la evolución. Lo que algunos llaman «buscar la mitad del alma» consiste en que, desde aquel acontecimiento divisorio, cada ser humano está incompleto y anhela volver a totalizarse con su pareja original, que en el caso del varón es llamada la «maya». Un ingenioso cuento, pero solo eso: un cuento. Aunque no puede desconocerse que grupos cristianoides han rezado el Padrenuestro con esta invocación: «Padre-Madre que estás en los cielos». Una curiosidad como para el señor Ripley.

Científicamente se sabe que la naturaleza comete errores y, por esa razón, nacen personas defectuosas:

mongoloides, hidrocefálicos, enanos, etc., muchos de los cuales han sido corregidos u ordenados por la oración de fe. De análoga manera, algunos seres quedan situados al margen de las clasificaciones convencionales de sexo, al presentar, inexplicablemente, caracteres morfológicos tanto masculinos como femeninos, que hacen de ellos lo que un sector de la ciencia ha llamado «intersexuales».

No pocas veces, a través de procedimientos quirúrgicos, se ha podido definir el género de tales criaturas. Su existencia, sin embargo, no puede enarbolarse para defender la causa homosexual, pues esta tiene origen en la corrupción humana y no en taras congénitas, por más que el androginismo sea hoy uno de los propósitos más definidos de la publicidad. La idea pareciera ser que las mujeres luzcan un poco hombres y los hombres un poco mujeres, que la masculinidad y la feminidad se vayan diluyendo hacia una nueva sociedad en la cual los absolutos desaparezcan por completo, todo pierda identidad y lo amorfo se imponga. Cuando esto ocurra, todos podremos ser clonados a espaldas de ese Dios que tuvo la inconsulta y arbitraria idea de hacernos tan diferentes los unos de los otros. Ya hay avances hacia tal meta: la ONU enarbola los derechos de los homosexuales como causa justa y humanitaria, y el gurú andrógino Sai Baba es el dios de la Nueva Era. En las religiones de estirpe hinduista es muy común este caso; no se pase por alto que Ila, la amante de Buda, era una hermafrodita versátil en materia de relaciones sexuales.

Para la Iglesia Evangélica ha sido muy escandaloso el caso de la «hermana Paula», así llamada como mujer después de someterse a una operación de cambio de sexo cuando era el muchacho Larry Nielsen; al aceptar, supuestamente, la fe cristiana, Paula/Larry se dedicó a un ministerio televisivo dedicado a los transexuales, bajo el manto y la unción de una conocida predicadora del tipo extremista.

NICOLAÍSMO

Lamentablemente teólogos ultraliberales, tanto católicos como protestantes, rindieron pleitesía a experimentos científicos sin esperar su plena comprobación, y se apresuraron a predicar una permisividad falsamente cristiana, que ha desvirtuado la vertical posición bíblica frente a los temas sexuales hasta romper los diques de la moralidad. No es cosa de poca monta que grupos evangélicos supuestamente modernizantes unan en matrimonio a parejas formadas por individuos del mismo sexo; ni que, en la otra orilla, el papa, por atreverse a trazar linderos éticos en su encíclica *El esplendor de la verdad*, haya sido duramente vapuleado por nicolaítas de su propia iglesia. El nicolaísmo recibe su nombre de Nicolás, prosélito de Antioquía, que fuera uno de los primeros diáconos en Jerusalén y cuyos discípulos creían posible conciliar la vida cristiana con el desenfreno erótico. El nicolaismo está condenado expresamente en las Sagradas Escrituras.

> «Pero tienes a tu favor que aborreces las prácticas de los nicolaítas, las cuales yo también aborrezco» (Apocalipsis 2:6).

«Toleras así mismo a los que sostienen la doctrina de los nicolaítas. Por lo tanto, ¡arrepiéntete!

De otra manera, iré pronto a ti para pelear contra ellos con la espada que sale de mi boca» (Apocalipsis 2:15-16).

Los apóstoles y algunos Padres de la Iglesia identificaron al nicolaísmo como un movimiento de libertinaje en la conducta; y, desdichadamente, en el ámbito religioso, su espíritu irrumpe por épocas: en el Templo del Pueblo, de Jim Jones; en Waco, Texas, a través de los davidianos, etc. La secta anárquica Niños de Dios, o la Familia de Dios, fundada en los años sesentas durante el período de la rebelión juvenil, por el ex-pastor David Berg, se basa en la premisa maquiavélica de que el fin justifica los medios para practicar conductas permisivas y libertinas, tales como sexo promiscuo, pederastia, homosexualidad y lesbianismo, bajo pretexto de apostolado.

El homosexualismo, por otra parte, puede ser parcial, es decir, no constituir una práctica permanente, sino alternativa, de personas que han crecido envueltas en fornicación y estimuladas por la pornografía, y suelen llegar a la línea media de la bisexualidad, anomalía que se está convirtiendo rápidamente en moda de la gente *in*. Entendidos en estadísticas afirman que es mayor el número de hombres que de mujeres bisexuales. El sistema seudo-religioso denominado Nueva Era ha contribuido a este asunto, pues algunas de sus sectas preconizan la adoración de la naturaleza, o panteísmo, complementada con el culto del cuerpo humano. En reinados de belleza y gimnasios, así como a través de la publicidad, el cine y la televisión, se repica a toda hora la prioridad de estar en forma. Eres dios, eres diosa, somos dioses. Tenemos el divino deber de lucir estilizados. Si pareces bien por fuera, no importa cómo estés por dentro. La idea es embellecer los cuerpos aunque se afeen las almas. Dicho de otra manera: que prevalezca la estética sobre la ética.

En tal ambiente los niños crecen con el anhelo de ser estatuas vivientes y bajo una presión sexual incontenible en la cual el machismo y el feminismo desbordados de la época son causas fuertes de homosexualidad. Los padres no quieren abrazar a sus hijos, ni acariciarlos o darles besos, por temor a que se vuelvan homosexuales, lo cual sí hacen con sus niñas para que no se hagan machonas. Inconscientemente, el varoncito empieza a incubar dentro de sí la convicción de que para recibir amor hay que ser como una mujer. Paralelamente la fementida igualdad de los sexos y una artificial competencia de la mujer con el varón en el terreno laboral, ha desfeminizado al bello sexo, aproximándolo a patrones masculinos, lo cual facilita, en cierto grado, la lesbianización. El comentarista de la Cadena Cristiana de Difusión, Ben Kinslow ha advertido agudamente cómo la imagen femenina predomina en el niño: al nacer, su inicial contacto es con la madre y una enfermera. En sus primeros años, lo cuida una niñera. Una maestra le enseña las primeras letras. En la iglesia, la autoridad de la Escuela Dominical es una mujer. Sin darse cuenta, el sujeto va creándose una idea de autoridad femenina, no varonil, y esto, a la larga, puede desembocar en tendencias homosexuales.

Los padres deberían entender que las demostraciones paternales de cariño a sus hijos varones harán que estos crezcan con más seguridad en sí mismos, ante la certeza de que los aman como son; y las mujeres trabajadoras, relativizar sus labores para que no perjudiquen el intrínseco encanto de su naturaleza y las obvias inclinaciones de su género. La homosexualidad y el lesbianismo no son problemas, como algunos los apodan, hay que llamar las cosas por su nombre: son pecados, deben ser tratados como tales, y las personas involucradas en ellos, darles la espalda a través de un genuino arrepentimiento para que se cumpla en sus vidas esta escritura:

> «¿No saben que los malvados no heredarán el reino de Dios? ¡No se dejen engañar! Ni los fornicarios, ni los idólatras, ni los adúlteros, ni los sodomitas, ni los pervertidos sexuales, ni los ladrones, ni los avaros, ni los borrachos, ni los calumniadores, ni los estafadores, heredarán el reino de Dios. Y eso eran algunos de ustedes (1 Corintios 6:9-10).

Es conocido y reconocido el caso de personas que abandonaron estos pecados y hoy tienen familias que caminan de la mano de Dios. Es mentira del diablo que no se puedan regenerar homosexuales y lesbianas; nada ni nadie puede impedir la obra regeneradora del Espíritu Santo cuando Jesucristo toma el control de una vida.

> «Y eso eran algunos de ustedes. Pero ya han sido lavados, ya han sido santificados, ya han sido justificados

en el nombre del Señor Jesucristo y por el Espíritu de nuestro Dios» (1 Corintios 6:11).

Hay aquí dos cosas de suma importancia: Esto eran, no esto son. La forma verbal indica que dejaron de ser; y la repetición del «ya han sido», por tres veces, deja bien en claro que lo que es imposible para el hombre es posible para Dios.

MILITANCIA GAY

Durante todo el 2001, año de elecciones en los Estados Unidos, el condado de Miami Dade fue escenario de una particular contienda: por un lado, las milicias del tercer sexo, con el concurso de mercenarios y no pocos «idiotas útiles», realizaron una agresiva campaña propagandística en favor de una enmienda que consagraba el homosexualismo como un derecho civil, dándole así estatus similar al de una minoría étnica. No se reconocieron cosas elementales, por ejemplo que una persona puede elegir ser homosexual pero no está en capacidad de escoger su raza. Nadie se hace negro o indígena, por ejemplo, sino se nace bajo tal clasificación.

Deplorablemente muchos políticos, en su afán por pescar votos en río revuelto, respaldaron abiertamente tal pretensión, con una bien orquestada ayuda de los medios masivos, interesados, a su vez, en lectores, radioyentes y televidentes dados al sensacionalismo. Desde el campo evangélico la única voz audible en medio de tal bullicio fue la de Coalición Cristiana, cuyo presidente regional fue puesto tras las rejas acusado de un cargo inocuo e inicuo. Como resultado de todo ello, los *gays* se salieron con la suya, como no tardarán en hacerlo en Brasil y Colombia con el reconocimiento civil de las uniones habidas entre personas de un mismo sexo, iniciativa legal que cursa en los congresos de los mencionados países, sin que nada ni nadie pueda oponérsele con posibilidades de éxito.

La gente se encoge de hombros frente el avance homosexual, sea por temor, conveniencia o simple indiferencia, dándole la razón al viejo y resignado dicho de los romanos: «Ante los hechos no hay argumentos». No se olvide, sin embargo, la recurrente lección histórica según la cual, siempre que se garantizaron los derechos de los homosexuales, la civilización respectiva se fue a pique. Ocurrió antes del diluvio con los cainitas. Se repitió casi inmediatamente con los sodomitas. Volvió a pasar, una y otra vez, sucesivamente, en Egipto, Babilonia, Grecia y Roma. ¿Estará finalizando nuestra civilización? Por lo pronto, produce escalofríos hasta los tuétanos la declaración de Billy Graham en el sentido de que si Dios no castigara lo que hoy está ocurriendo entre nosotros, tendría que presentar disculpas por Sodoma.

La iglesia cristiana tiene en sus manos las llaves del poder dadas por Jesucristo para abrir y cerrar en la tierra puertas que se abrirán y cerrarán en el cielo. ¿Se ha perdido el primer amor de Éfeso y ya estamos en la tibieza de Laodicea? Algo es seguro: haberse anquilosado teológicamente puso a la iglesia evangélica de espaldas a las realidades de hoy. Se requiere con urgencia un segundo toque milagroso del Señor para que ese ciego de Betsaida que es la organización eclesiástica pueda ver claramente y de lejos que no le rodean árboles sino seres humanos con los viejos problemas a los cuales Jesucristo trajo solución.

Los homosexuales, las lesbianas y todos los promiscuos sexuales están inscritos en las epístolas apostólicas como personas por las cuales la sangre del Cordero de Dios se derramó profusamente desde aquella pequeña colina de la Santa Ciudad. No es el rechazo ni el juicio inclemente, sino el amor y la compasión, lo que hará que se postren debajo de la cruz para ser redimidos.

6

≈⊶ El holocausto infantil ⊷≈

*«Desde el fondo de ti, y arrodillado, un niño triste,
como yo, nos mira».*

PABLO NERUDA

El amor es libre por esencia, pero la argucia de Satanás ha logrado que la expresión «amor libre» signifique, para las generaciones contemporáneas, acostarse sin restricciones con cualquiera, sea del propio sexo o del contrario, y, también, eliminar la bendición eclesiástica de la pareja, y aun la firma de un contrato legal ante las autoridades del estado, para vivir en público concubinato. Esta cultura de basurero moral ha traído enormes desastres sobre la gente que la practica, la tolera o la sufre de algún modo. El aborto, sin lugar a dudas, luce como el más grave de todos estos males, y será inevitable mencionarlo a lo largo de nuestro ensayo, ya que, irónicamente, es el cordón umbilical que une la intrincada trama de la inmoralidad sexual en la sociedad posmoderna.

En la consejería pastoral los testimonios de vidas destrozadas por el «amor libre» constituyen el más elocuente examen de esta dramática realidad. Citaré un par de casos reales, tomados al azar de los archivos de la Unidad Bíblica de Consejería —UBC— de Casa sobre la Roca, Iglesia Cristiana Integral, pero omitiré los nombres propios de los protagonistas, por razones obvias.

Una mujer cristiana, en proceso de sanidad interior, no podía perdonar a su compañera de andanzas juveniles de la universidad porque, cuando cursaba la carrera de Administración de Empresas, quedó embarazada de su novio, y la que era supuestamente su mejor amiga, estudiante de Medicina en el mismo centro docente, le dijo, en tono consolador:

—No te hagas problema, yo te ayudo a solucionar esto fácilmente. Y le practicó un aborto.

Dos años más tarde, ya como esposa de un buen hombre, la dama en referencia no podía quedar embarazada; y, después de minuciosas consultas al ginecólogo, este, frente a una ecografía, meneando la cabeza, hizo un comentario devastador:

—Linda, tú eres un contenedor vacío por dentro. La maravillosa amiga de la protagonista de esta historia, no solo dio muerte al futuro bebé de la misma a través del aborto; también eliminó su fertilidad para siempre.

Una señora llegó a las oficinas de consejería de la iglesia, víctima de una profunda depresión, porque acababa de expulsar de su vientre a un bebé de cinco meses de gestación, sin haberse repuesto todavía de la pérdida anterior de otro de seis, ambos en abortos no provocados. Ahora, con Jesucristo en su corazón, ella pensaba que todo sería diferente; pero, ante esta nueva contingencia, ya no quería creer en nadie. Los consejeros oraron para buscar revelación de algún problema que permanecía oculto, y el Espíritu Santo la llevó a admitir que ella, antes de casarse —y, también, de conocer a Jesucristo— se había practicado tres abortos por los cuales no se podía perdonar a sí misma, aunque sí perdonó a su novio, aun siendo él cómplice. Aquel día, a través de la oración, ella pudo experimentar el amor y el perdón de Dios, perdonarse a sí misma y recibir en el acto algo que solo Nuestro Señor puede dar: la paz que sobrepasa todo entendimiento. Hoy es madre feliz de dos hijos.

GRITOS SILENCIOSOS

La falta de perdón es un ácido corrosivo interior. Muchas mujeres perdonan al autor de su embarazo, al médico, a la enfermera, o a la persona que les practicó el aborto, pero es prioritario que se perdonen a sí mismas para que reciban el sosiego y la seguridad que vienen de Dios. Casos como estos —y son innumerables— revelan, más allá del estupor, la trágica realidad que muchos entendidos en la materia califican como el gran drama social de nuestro tiempo, el cual dista mucho de disminuir y, por el contrario, avanza y crece como una inmensa bola de nieve. Una estadística escalofriante, dada por Coalición Cristiana, informa que en los Estados Unidos se han abortado cuarenta y cinco millones de niños en los últimos treinta años, cifra más alta que la población colombiana en total y superior al número de muertos ocasionados por las dos guerras mundiales.

La juventud, el futuro de los países, ve naufragar su sueño de felicidad en las habilidosas preguntas de Satanás: «¿Qué tiene de malo si nos amamos? ¿Qué tiene de malo si todos lo hacen? ¿Qué tiene de malo si es algo normal?» Sin lugar a dudas, el engaño central se detecta cuando, tanto los padres como las niñas que han sufrido a causa del aborto, confiesan que en algún momento se dieron a sí mismos, como razonamientos supuestamente tranquilizadores de sus conciencias: «A mí no me va a pasar». «A mi hija no le va a pasar».

En un documental sobre aborto, cabalmente llamado *El Grito Silencioso*,[1] se muestra la secuencia de una ecografía en la cual, ante un feto que luce tranquilo, irrumpe la amenazante silueta de una pinza médica, y el indefenso ser en formación empieza a hacer movimientos desesperados para alejarse del letal instrumento. Después de uno y otro intento, la criminal arma quirúrgica logra asir una de las diminutas extremidades fetales, y arrancarla por viva fuerza. La operación prosigue hasta cuando el niño no nacido es sacado todo, a pedacitos, del vientre maternal. En tal crimen incurren, sin fórmula de juicio, muchas

---

[1]. American Portrait Films, Película *El grito silencioso*, 1994.

mujeres impulsadas por el temor a sus amigos o conocidos, y principalmente a sus padres, que ven en peligro su status social y su prestigio, y prefieren someterse a esta sangrienta práctica, muchas veces amparadas por doctores o psicólogos baratos e ignorantes. El dios Moloc, el rey Herodes y el Dr. Mengele se sentirían hoy a sus anchas.

    Admiro la valiente y abnegada labor de quienes levantan su voz por millones de seres humanos que no verán la luz y por una multitud de jovencitas destruidas, estériles, o al borde de la locura, que llenan las salas de espera de seudo-siquiatras y curanderos camuflados en blusas de médicos. Estadísticas confiables dicen que el 96% de las mujeres afectadas psicológicamente por el aborto, lo consideran como si fuera un asesinato; y cuántas ni siquiera pueden dormir sosegadamente porque sueñan todo el tiempo con un pequeño bebé al que ellas mismas le quitaron la vida. El aborto es delito de infanticidio; no airosa salida de un aprieto, ni solución de un problema, ni alivio de un desasosiego. Mucho menos, algo normal o pasajero, como ya se proclama por denodados defensores del control poblacional. En el terreno espiritual, ¡ni qué decirlo!, su práctica deja profundas consecuencias que, de no mediar el amor de Dios, podrían ser eternas.

    Las mujeres que han pasado por tan dolorosa experiencia deben ser conducidas con piedad a la certeza de que Jesucristo murió para limpiarlas, y que no hay pecado que su sangre no alcance a expiar, ni herida que no pueda sanar su infinita misericordia. El ministerio comúnmente llamado «sanidad interior» reclama aquí su importancia, pese a críticas extremistas de que ha sido objeto últimamente. La satanomanía obsesiva que invadió cual una peste a la iglesia evangélica a lo largo de la pasada centuria, hizo estragos, más que en cualquier otro campo, en el de la sexualidad. Un deficiente conocimiento del erotismo como componente estructural psicosomático del ser humano, llevó a no pocos ocultistas cristianos (sic) a atribuirles a los demonios todo lo relacionado con el tema. El doctor Eliseo Vila, quien prosigue la línea que trazara su egregio padre en la investigación cristiana, ha dicho sobre las exageraciones de la diablología:

> «El lenguaje bíblico es tan sobrio como serio cuando se refiere a lo demoníaco y contrasta con la frivolidad con que algunos lo tratan, como si el espacio limitado en que cada uno de nosotros se mueve estuviese plagado de espíritus malignos y todo, en última instancia, hubiese de explicarse en términos de intervención diabólica. Y así vemos como algunos atribuyen al demonio un simple dolor de muelas —que se curaría visitando a un dentista y curando la caries— y organizan pomposamente un culto público de exorcismos para echar fuera los demonios de la Fuente de la Cibeles, con invitación y presencia de las cámaras de la TV pública, y notorio regocijo de los enemigos de la fe, que lo aprovechan para ridiculización y descrédito del testimonio evangélico».[2]

---

2. Eliseo Vila, *Las obras de referencia y consulta*, Editorial CLIE, Barcelona, 1998, pág. 137-138.

Los satanómanos expulsan íncubos de las mujeres y súcubos de los hombres afectados por trastornos sexuales. Dichos nombres de demonios pertenecen a la mitología y no a la Biblia. ¿Mestizaje espiritual? Sin desconocer la intervención que, en casos excepcionales, tienen los espíritus impuros en algunas manifestaciones aberrantes de lo sexual, las Sagradas Escrituras atribuyen los pecados de este género a la naturaleza pecaminosa del hombre, al catalogarlos expresamente como «obras de la carne», para utilizar la expresión tradicional. La famosa lista de Gálatas 5:19-21 está encabezada cabalmente por la inmoralidad sexual. Esta, por lo tanto, no se remedia con una simple imposición de manos y la represión a un demonio quizás ausente de la ceremonia en la que lo acusan de algo que la persona a quien se atiende ha realizado por su libre albedrío. Para salirle al paso a tanta locura hay que decir que la psicología, si se la encuadra en el marco teórico de la Biblia, es un precioso auxiliar del pastor y el consejero, pues le permite discernir dónde termina una perturbación mental y dónde empieza una opresión demoníaca. Especialistas como Kurt Koch y Neil Anderson, por ejemplo, tienen mucho que enseñar al respecto.

DINÁMICA ACTUALISTA

No se les puede pedir a las jóvenes del siglo XXI que usen los incómodos canesús del XIX, como a las del siglo XX no se les exigió que usaran los cinturones de castidad de la Edad Media. Cada época tiene sus particularidades culturales, a las que no es necesario renunciar en aras de ideas anquilosantes que pertenecen a otra. Que la mujer usara pantalones fue criticado por un tiempo pero hoy parece normal, pese a que algunos predicadores lo consideran antibíblico, con base en pasajes veterotestamentarios, como este:

> «La mujer no se pondrá ropa de hombre, ni el hombre se pondrá ropa de mujer, porque el SEÑOR tu Dios detesta a cualquiera que hace tal cosa» (Deuteronomio 22:5).

Llegó a decirse desde púlpitos que las mujeres que usaran *blue jeans* no subirían con el Señor en el inminente rapto de la iglesia. Quienes tal cosa afirmaron no supieron discernir que, así como en tiempos de Moisés había faldas masculinas, hoy también hay pantalones femeninos. Uno de los errores más comunes durante la pasada centuria fue leer el Nuevo Testamento con el monóculo de la ley mosaica. La cultura es cambiante, por ser progresiva; pero, de la misma manera como en materia de traducciones bíblicas cambia el lenguaje pero no cambia el mensaje, la sexualidad humana tiene formas de expresión particulares en cada época dentro de los límites que le son naturales. Hoy resulta anacrónica la vieja institución de las casamenteras, que se encargaban de organizar los matrimonios dentro de ciertas reglas a las cuales los novios se sometían de buena gana. Ya no vivimos los tiempos en que el patriarca Abraham enviaba a su criado hasta un país extranjero a buscarle esposa a su hijo dentro de condiciones generales, pero con cierta libertad de elección.

> «Un día, Abraham le dijo al criado más antiguo de su casa, que era quien le administraba todos sus bienes: —Pon tu mano debajo de mi muslo, y júrame por el Señor, el Dios del cielo y de la tierra, que no tomarás de esta tierra de Canaán, donde yo habito, una mujer para mi hijo Isaac, sino que irás a mi tierra, donde vive mi familia, y de allí escogerás a una esposa» (Génesis 24:2-4).

No se pase por alto que, en el caso de Jacob, nieto de Abraham, la elección fue hecha voluntariamente por él mismo; y, aun cuando su suegro lo engañó ladinamente, al final terminó por casarse con la mujer que amaba, en un propósito de su voluntad personal. Como todo enamorado persistente, al final se salió con la suya.

> «Jacob entonces se acostó con Raquel, y la amó mucho más que a Lea, aunque tuvo que trabajar para Labán siete años más» (Génesis 29:30).

Los tiempos cambian, ciertamente, pero Dios es inmutable, y, claro está, su Palabra también; porque si él no cambia, no puede cambiar lo que dice, ya que si lo que dice pudiera cambiar, él mismo cambiaría. La Biblia no es un viejo libro, o un libro viejo, sin aplicación práctica para nuestros días; su actualismo trasciende a las edades porque dice lo que dice para todas. La luz y el agua, símbolos del Espíritu Santo, son inmutables, aunque cambie aquello que alumbran y mojan. El cerebro humano tiene igual número de circunvoluciones desde siempre; lo que cambia es la información que él procesa. La esencia del amor entre el hombre y la mujer es invariable, aunque el erotismo transforme sus manifestaciones. Es fácil observar a través de los tiempos —segundos, minutos, horas, días, semanas, meses, años, decenios, siglos y milenios— un lento variar de la cultura, sin que la esencia de las cosas cambie.

En ese orden de ideas, los noviazgos de hace tres mil años —como el de Isaac y Rebeca, o el de Jacob y Raquel— se movían de forma distinta a los de la posterior época de Moisés; en esta no hubo trueques de trabajo por mujeres, sino la esposa simplemente se tomaba; en tiempos de Jesús el divorcio era común y libertino, cosa impensable en el medioevo. Durante el Renacimiento fue corriente el adulterio; y en la era revolucionaria, el liberalismo trajo otros modales en las relaciones hombre-mujer, más abiertas y francas. Finalmente, a través de la modernidad, se fue dando la emancipación del erotismo que es ya absoluta en la posmodernidad.

El clasismo social fue extraño en Norteamérica, donde un leñador llamado Abraham Lincoln llegó a ser presidente, y las uniones románticas se facilitaban en esa mentalidad, independientemente de diferencias económicas o sociales. En la América Latina, por el contrario, la clasificación dificultó las relaciones entre los enamorados de distinto estrato. Lo primero fue un resultado del protestantismo que reconocía la igualdad de todos los seres humanos ante Dios; lo segundo, una herencia del catolicismo romano, tradicional aliado de las clases dominantes.

CLASISMO

El mencionado fenómeno, fósil de la era colonial, fue común entre los españoles que podían ostentar algún título de hidalguía, quienes rechazaban a criollos o simples nativos sin pergaminos a la vista. Tal es el caso, de un presunto marqués en mi provincia, una de cuyas nietas fue protagonista, ya bajo la República, de una historia de amor como para televisión. Hace más de un siglo llegó a mi pueblo un varón que causó impacto entre las damas por su espigado cuerpo, la tupida barba, el color aceitunado de la piel y la intensa mirada de unos grandes ojos negros almendrados. Aunque se hacía apellidar España, era magreví, y le fue fácil cautivar a la rubia y ojizarca descendiente del célebre marqués, contra la voluntad de su estirada madre. Esta, es de suponerse, no quería ver realizada en su propia vida *El último Abencerraje*, de Chateaubriand, novela rosa sobre los amores de cierto príncipe sarraceno con una nieta del Cid Campeador. Para someterla a su indisputable autoridad, la ya no marquesa decidió aprisionar a la rebelde adolescente en el cepo de las torturas, convertido en objeto decorativo desde la abolición de la esclavitud. La enamorada joven fue aherrojada de brazos y piernas en el sádico aparato y, para incrementar el poder de convicción del castigo, le colocaron una brida de caballo en la boca y se la mantuvo a pan y agua por casi una semana. Una negra manumisa, antigua esclava de la noble familia y ahora voluntariamente al servicio de ella, tuvo compasión de la «amita» y puso sus aprietos en conocimiento del alcalde, por coincidencia hermano de la torturada. El funcionario, asesorado por el cura párroco, se trasladó con este y el moro España al teatro del cilicio, que era la morada de la elegante matrona, quien los recibió con una suculenta segundilla —entremés de media tarde—, consumida la cual, el burgomaestre entró en materia:

—Mi hermana debe ser liberada de inmediato.

Con acerado mirar de sus ojos españoles, la marquesa relicó:

—Tú eres mi hijo y no tienes potestad para darme órdenes.

Entonces él, empuñando con firmeza el bastón símbolo de su autoridad, decretó:

—Señora, como alcalde de este municipio le ordeno proceda de inmediato a liberar a la cautiva. La madre, en doble gesto de altivez y obediencia, besó las borlas del bastón del alcalde y arrojó las llaves del calabozo a los pies del hijo. La maltratada novia fue llevada a casa de una familia distinguida del pueblo y, gracias a los buenos oficios del cura, la boda se realizó un mes después. Y colorín colorado.

Esta romántica historia nos permite ilustrar cómo fueron cambiando las cosas en materia de relaciones sentimentales en el Nuevo Mundo después de la Colonia. Nadie ignora que, en la propia Norteamérica, a despecho de la democracia activa que la ha caracterizado, las relaciones sentimentales afro-caucásicas fueron rechazadas por mucho tiempo, pese a que el propio mister Jefferson, uno de los fundadores de la Unión, se vio enredado con una negra. Hoy es común y corriente el caso de parejas mixtas afro-anglosajonas, especialmente después de la heroica lucha del pastor Martín Luther King por los derechos civiles.

El caso más repetitivo en la actualidad es el gringo-latino, no siempre motivado por amor, sino, más bien, por conveniencias migratorias. Para muchos amerindios —hombres y mujeres— el «sueño americano» no incluye un cónyuge para amar sino un tonto para usar. Una vez adentro legalmente, se puede pensar en algo así como enamorarse; y, si sucede que el objeto de la pasión es un tercero, el divorcio está siempre a la orden del día para salir de apuros. Hay, por supuesto, muchas uniones anglo-latinas que se han realizado por amor, y yo mismo he bendecido algunas en mi calidad de ministro cristiano; pero, al margen de ello, existe un comercio matrimonial que no difiere mayormente de la trata de blancas. Este sucio contrabando, por su parte, se genera no tanto hacia Estados Unidos, donde la prostitución institucionalizada no existe, pero es muy activo con Europa y —¡asómbrense ustedes!— hasta con el mismísimo Japón.

Los matrimonios anglo-latinos funcionan bien cuando el marido es yanqui y la mujer hispana, pues ambos se tratan con consideración; no así en el caso contrario, pues se produce un choque entre el macho latino y la feminista gringa, cada uno empeñado en esclavizar al otro.

HISTORIA DE AMOR

Hace solo cincuenta años —es decir, medio siglo— el noviazgo era algo sagrado; aún los muchachos partidarios del erotismo libre diferenciaban claramente entre una simple aventura y una relación sentimental con miras al matrimonio. La idea era tratarse y conocerse, trabar una buena amistad, planear el futuro y, finalmente, ir juntos al altar, trajeados de sacoleva y vestido blanco, con las manos entrelazadas, bajo una lluvia de flores y al compás de la marcha nupcial, para prometerse ante Dios fidelidad, comprensión y solidaridad. En el proceso, abundaban los detalles galantes: llamadas telefónicas por nimios pretextos, esquelas con recados tiernos, poemas algo cursis, salidas a cenar, bailes familiares, flores, regalos, sorpresas, y una que otra serenata con boleros de corte romántico-religioso:

> «Te puedo yo jurar ante un altar
> mi amor sincero
> y a todo el mundo le puedes contar
> que sí te quiero».

El varón derrochaba gentiles maneras, decoro personal, amena charla, buen humor, todo lo que antiguamente se identificaba como hidalguía o caballerosidad. La mujer era bella, graciosa, discreta, algo lejana y misteriosa. Mientras escribo estas cosas, viene a mi recuerdo la historia de Ricardo y Juanita, quienes tenían amores desde niños en mi pueblo natal. Muy joven, él emigró a los Estados Unidos lleno de ilusiones de prosperidad y bajo la promesa de venir un día a realizar sus sueños conyugales. Tuvo la desdicha de ser atropellado por un ferrocarril en San Francisco, accidente a consecuencia del cual fue necesario se le amputaran las dos piernas. Cuando todo el pueblo ya se resignaba a que Juanita se quedara para vestir santos, un caballero canoso y bien trajeado se apeó una tarde del único bus intermunicipal que funcionaba en aquel tiempo y, apoyado en un bastón con empuñadura de plata, caminó calle arriba, dificultosamente, sobre unas piernas ortopédicas, seguido por un muchacho que le cargaba las valijas. Detuvo su marcha frente al desvencijado portón y, después de dar tres golpes con la aldaba, pronunció la fórmula ritual de entonces:

—Alabado sea Dios...

Desde adentro, una temblorosa voz femenina respondió lo consabido:

—Y alabado sea su Santo Nombre. Al desplegarse las abras de par en par, el reconocimiento fue mutuo, emocionado y sorpresivo:

—¡Ricardo!

—¡Juanita!

Los fieles novios se casaron en edades avanzadas. Cuando recuerdo su edificante historia, la relaciono por contraste con la admonición bíblica:

> «Y todavía preguntan por qué. Pues porque el SEÑOR actúa como testigo entre ti y la esposa de tu juventud, a la que traicionaste aunque es tu compañera, la mujer de tu pacto» (Malaquías 2:14).

Hoy, cuando las relaciones de pareja son de quitar y poner, aquellos enamorados de mi pueblo que vivieron su lealtad hace solo cinco decenios reivindicarían la pureza del amor humano. Fui varias veces, en mi pubertad, contertulio de esa caja de música sin piernas que era el viejo Ricardo. Sentado en el poyo de su espaciosa y torneada ventana colonial, engullendo golosinas que su esposa me dispensaba a manos rotas, escuchaba con fascinación sus historias de la nación norteamericana, donde la gente no mentía porque todos eran protestantes. En esa época a nadie se le ocurría durante un noviazgo ensuciar el agua del pozo cristalino del cual él mismo bebería después todos los días de su existencia terrenal. El natural deseo erótico se mantenía bajo control, orientado hacia la meta; allí, después de una carrera en la cual se cumplían todas las reglas, esperaba el preciado galardón: la posesión del ser amado. La boda no era la legalización de un hecho cumplido, ni una forma ritual de salir de apuros, sino la concreción de un sueño en tangible realidad. ¡Valía la pena esperar!

EL AMOR NO SE HACE

La llamada «batalla de los sexos» trajo, sin dudas, mucha confusión a la sociedad humana; al hacerse difusa la frontera natural varón-mujer y plantearse la contienda machismo versus feminismo, la cultura dio un vuelco hacia un «todo vale en el todo es lo mismo»: ahora las mujeres son un poco hombres y los hombres un poco mujeres en un bisexualismo igualitarista;

pero, aun más allá, es posible ser mujer siendo hombre y ser hombre siendo mujer, porque la preferencia sexual es un derecho humano con todo lo que tal expresión implica. Lo sin sentido ha sido consentido.

Se produjo una inversión de valores en la juventud cuando el conjunto británico de rock The Beatles, en el Central Park de Nueva York, la capital de todo, tuvo la osadía de gritar: «Somos más populares que Jesucristo». Aquella fue la manifestación de una posesión satánica, pública y aterradora, para inaugurar oficialmente la «nueva era», que sería poscristiana, talvez anticristiana o, cuando menos, acristiana. Una de sus consignas más hábiles hablaba de una hermosa causa, si se la juzga superficialmente: «Haz el amor y no la guerra». Tales palabras parecen salidas de los labios de un profeta cristiano. Yo mismo sería capaz de suscribirlas. Sin embargo, subliminalmente, el sentido de la expresión es: «Haz el sexo». El amor no es algo que pueda hacerse, el amor es. Dios es amor. Al enfrentar este tema, sin duda repelente para una buena parte del pueblo cristiano, surge de inmediato en el seno de la juventud una pregunta que es espada y escudo, pues pretende cumplir la doble función de ataque y defensa, cuando solo refleja duda e ignorancia: ¿Por qué esperar hasta el matrimonio?

Ciertamente la Biblia contiene todas las respuestas a todas las preguntas, pero sus intérpretes de hoy, al estilo de los viejos talmudistas hebreos, se dividen en dos escuelas irreconciliables: literalistas y alegoristas. Los primeros adolecen de una tendencia al legalismo y, para ellos, todo lo sexual es un tabú; el joven, en vez de hacer preguntas fastidiosas, debe limitarse a orar, ayunar y colocar señales a Dios para encontrar su pareja predestinada; lo que sigue es solamente el matrimonio. Los segundos son inclinados al libertinaje y la forma como entienden el tema erótico es, en términos generales, descabellada. Los jóvenes de mi iglesia relataban el caso de un compañero que anhelaba la mujer ideal y pidió a Dios una que fuera la mezcla perfecta de Madonna y Teresa de Calcuta; su oración recibió respuesta, porque pronto conoció a una muchacha que tenía la hermosura de Teresa y las virtudes de Madonna.

En medio de tales contradicciones, las personas encargadas de ofrecer respuestas: padres y madres, educadores, pastores y consejeros, han enseñado mil cosas erróneas sobre el sexo. No se puede negar que, en varios casos, la instrucción sexual impartida a los abuelos y progenitores de las actuales generaciones fue nula o, al menos, inefectiva. A veces, duele reconocerlo, los únicos conocimientos con los que se llegaba al matrimonio surgían de mitos y tabúes socialmente aceptados como verdades por una ignorancia hija de mojigatería.

En el siglo XXI, por el contrario, se llega al matrimonio con una vasta y caótica información, nacida de una cultura pornográfica, morbosa y agresiva, que ha hecho de la virginidad un estigma. A través de la televisión, el cine, los videos, algunos periódicos y revistas, y aun medios tan sofisticados como Internet, se lleva hoy a la gente, no a una cultura sexual ordenada y fiel, sino a una casi del todo animal, en cuyo seno hombres y mujeres buscan satisfacer sus necesidades fisiológicas, sin sospechar el costo incalculable que acarrean cinco o diez minutos de placer.

Se percibe una cerrada contradicción entre lo que la Biblia dice y lo que la gente se ha habituado a pensar, debido a un bombardeo publicitario reiterado de generación en generación, acentuado en este tiempo sobre nuestros hijos y nietos. Un pensamiento que campea en las mentes posmodernas enfatiza que el sexo fuera del matrimonio es algo normal, o que no tiene nada de malo. Se señala como el gran culpable de esta ya ambiental manera de razonar al médico austriaco Sigmund Freud, padre del psicoanálisis, quien hizo de la líbido el eje de su teoría científica. El freudismo es un mito revaluado, según lo demuestra el biólogo y pastor Antonio Cruz en su bien pensada obra *Sociología*.[3]

Sin embargo, como lo he dicho en otro de mis libros,[4] Dios nos otorga la revelación científica a través de genios que no tienen por qué explicarnos la teología ni la doctrina cristianas; eso sucedía en lejanos tiempos, cuando todos los investigadores eran, simultáneamente monjes, pero hoy estas gentes no viven en los conventos sino en los laboratorios Hay que reconocer, como sea, que el fatídico doctor Freud nos abrió los ojos hacia la realidad de lo erótico y sus tremendas implicaciones sobre la conducta humana. La falla estructural del freudismo radica en su falta de espiritualidad, en su humanismo animal que tiene raíces en Darwin. A tan bajo nivel, el sexo era meramente un instinto en el hombre, como en su

---

3. Antonio Cruz, *Sociología*, Editorial CLIE, Barcelona, 2002.
4. Darío Silva-Silva, *El eterno presente*, Ed. Vida, Miami, 2002.

antepasado zoológico remoto, cualquiera que hubiese sido. Pero el eslabón perdido no apareció por ninguna parte y, en este fin de la historia, evolucionismo, materialismo y freudismo —que vienen a formar el mismo ismo— pasan a buen retiro como fósiles de la edad de las cavernas de la investigación en la sociedad del tercer milenio, que tiende a ser creacionista. El ser humano es, sin dudas, un animal puesto que tiene alma y cuerpo, pero no es solo eso, sino propiamente un espíritu que se manifiesta por medios psicosomáticos. Por lo anteriormente expuesto, ese ser entiende en el ejercicio del erotismo una forma de cumplir la voluntad de su Creador en cuanto a la preservación de la especie; pero, además, encuentra en aquel un vehículo idóneo para la expresión del amor y la conquista del deleite como un sagrado derecho. La persona espiritual recibe el regalo divino de la sexualidad bajo unas leyes que lo dignifican e, incluso, lo hacen más efectivo y placentero, porque es un acto de auténtico amor y no una simple animalada fisiológica. Tim La Haye lo ha dicho con precisión:

> «En la voluntad de Dios, el sexo puede ser la satisfacción más hermosa de todas las experiencias de la vida»[5]

---

5. Tim La Haye, *Cómo hallar la voluntad de Dios*, Ed. Vida, Miami, 2002, pág 33.

El holocausto infantil

UNA GUERRA SUCIA

En medio del desbarajuste erótico global, el embarazo y el SIDA parecen ser los dos únicos terrores de la juventud, y los medios de comunicación se encargan de presentarlos ante las masas como enemigos de la felicidad. Centrándose casi con exclusividad en el riesgo del VIH, nos vemos abrumados por una enorme cantidad de anuncios comerciales sobre condones, y todo el mensaje que vemos y oímos es este: practica la fornicación sin riesgos. Es muy frecuente la presentación de diálogos periodísticos con jóvenes envueltas en el engaño de que el sexo no es malo cuando hay amor, como si el amor fuera solamente placer erótico. Paradójicamente, todas estas niñitas se declaran en contra de la prostitución. Más grave aún es el caso de respuestas ya generalizadas de las mamás posmodernas, convencidas de que la decisión en estas materias corresponde a su hija, quien libremente debe optar por hacerlo o no, y que la única tarea de una madre responsable es enseñarle a su heredera cómo cuidarse para no quedar embarazada. Si esto llegara a suceder, ella sin duda sería muy severa con su niñita.

Algunos eruditos gastan su tiempo en inventar, promover y polemizar sobre los medios preventivos contra el embarazo y el SIDA, y su única preocupación es lograr que los jóvenes puedan «hacer el amor» sin riesgos, a tiempo que los padres asumen como su exclusivo deber instruir a sus hijos para que no embaracen, si son varones; no se dejen embarazar, sin son hembras; y, en los dos casos, para evadir las posibilidades del contagio.

Es interminable el desfile por hospitales, clínicas, dispensarios y otros lugares, de mujeres maduras, muchachas y, en muchos casos, niñas arriesgando sus vidas en la práctica de un aborto, o dando a luz solitarias a sus bebés, sin un ramo de flores como señal de gozo, ni un marido hecho un nudo de nervios, esperando el momento de abrazarlas junto al recién nacido. En su soledad solo perciben la presencia del gran dedo acusador de la sociedad que las ha conducido hasta donde ahora se encuentran, para señalarlas como ciudadanas de segunda categoría, entre el obvio rechazo de sus familiares y amigos.

EL DAÑO MENTAL

Como la palabra aborto asusta, algunos prefieren usar el eufemismo «interrupción del embarazo». Una investigación de The Allan Guttmacher Institute de Nueva York y Washington[6] arroja cifras alarmantes sobre la abundancia del aborto clandestino en América Latina en medio de aterrador silencio, ya que en los países de la región esta práctica es castigada por la ley, con excepción de Cuba, donde se halla legalizada. El aborto está diseminado entre mujeres de todas las capas sociales y condiciones, desde la terminación del embarazo en clínicas bajo la vigilancia de personal calificado, hasta el uso de procedimientos peligrosos

---

6. The Allan Guttmacher Institute, *Aborto clandestino: una realidad latinoamericana*, Berger/McGill, 1994, pág 22.

aplicados por personas carentes de conocimientos médicos y el intento de las mismas mujeres por interrumpir el embarazo por medios folclóricos como hierbas abortivas, exceso de actividades físicas y algunas formas de violencia.

Lacera el corazón la imagen de mujeres que han pasado por la experiencia del aborto provocado, la mayoría de las veces obligadas por sus parejas (esposo, novio, amante, amigo). Otras, abandonadas. No pocas adolescentes fueron violadas por sus propios padres, abuelos, padrastros, hermanos mayores, familiares, amigos de la casa, etc. O, simplemente, embarazadas por un compañero de la escuela en una relación casual, juvenil e irresponsable. En el aspecto psicológico, casi siempre es irreparable el daño mental que padece una mujer en tales condiciones, pues desarrolla un gran sentimiento de culpabilidad, al tener conciencia de que fue partícipe de un delito cometido en su propio cuerpo. Con su autoestima en el piso, se considera usada, engañada, abandonada, como un objeto sin valor. Sumida en profunda soledad, se torna desconfiada y protagoniza episodios de agresividad, que hacen necesario el tratamiento psicológico. La iglesia no puede centrar su atención únicamente en los problemas médico, epidemiológico o sociológico, sino enfocarse en el ser humano como tal. Una de las principales causas de la actual falta de orientación en estas materias, se origina en la desinformación sobre el erotismo y la sexualidad en las congregaciones evangélicas, que ha sido lamentable en extremo. (En este preciso instante mi nieta Sofía le lanza a su abuela la pregunta del millón de dólares:

—Oye, ¿por qué mis papás no me invitaron a su boda? Ella ha visto que otra niña sí pudo concurrir al enlace de sus padres.) Hay indicadores de nuevas tendencias positivas que reclaman alguna fuerza catalizadora y la iglesia debería proporcionársela. Sorprende gratamente encontrar en vastos sectores de la juventud contemporánea cierta inclinación al regreso que reafirma el matrimonio como institución.

El aplaudido pastor y cantautor español Marcos Vidal ofrece piezas musicales que muestran —cosa extraña en el mundo evangélico—, que los hijos de Dios también se enamoran. La linda Jacie Velásquez lidera un movimiento a favor de la virginidad antes del matrimonio. Artistas como estos contrarían el estilo pornográfico de los últimos cincuenta años en la música popular para hablar otra vez — ¡gracias a Dios!— de valores familiares. Profundas transformaciones habrán de operarse en el seno de la sociedad, para que veamos a una juventud sana y respetada en sus derechos fundamentales, incluido el que bien podría llamarse derecho al erotismo, que se le ha negado por tanto tiempo. El cambio que se requiere es solo un camino de regreso a los valores éticos de la Civilización Cristiana Occidental. Por eso ahora, cuando se ensaya la educación sexual —sin duda necesaria— hemos de ofrecerla en una perspectiva correcta, dentro del invariable plan divino. No se ha iniciado ninguna nueva era, solo el siglo XXI de la era cristiana. ¿Qué sucederá entonces? O afianzaremos una humanidad posfreudiana y otra vez bíblica, o deberemos prepararnos para una nueva conflagración de Sodoma y Gomorra, o, talvez, el diluvio atómico, no del todo descartable en la cuarta guerra mundial que ya se libra contra el terrorismo. ¿Cuarta? Si, la tercera fue la guerra fría. Pone los pelos de punta la señal dada por Jesús sobre el final de los tiempos:

> «Tal como sucedió en los tiempos de Noé, así también será cuando venga el Hijo del Hombre» (Lucas 17:26).
>
> «Lo mismo sucedió en tiempos de Lot: comían y bebían, compraban y vendían. Pero el día en que Lot salió de Sodoma, llovió del cielo fuego y azufre y acabó con todos» (Lucas 17:28-29).

Tanto en los tiempos de Noé como en los de Lot, se habían garantizado los derechos de los homosexuales. (Oh, Señor, ¿qué has querido decirnos?) Sorprende que pensadores no religiosos reconozcan la existencia del pecado sexual, en un mundo renuente a aceptar la culpabilidad humana. Por ejemplo, Georges Bataille ofrece esta visión del remordimiento:

> «El recuerdo del pecado no es ya afrodisíaco, como lo era el pecado; pero en el pecado todo se transforma al fin, y un sentimiento de catástrofe, o una desilusión, es lo que sigue al goce».[7]

La alternativa radical es erotismo-pecado o erotismo-bendición; lo primero, siempre traerá frustraciones;

---

7. Georges Bataille, *El erotismo*, Editorial Mateu, España, 1971.

lo segundo, completa satisfacción. Esta no puede conquistarse sino mediante la información franca sobre la sexualidad humana, tema que ha sido atrozmente maltratado durante mucho tiempo en nombre de una fe —la bíblica— que es, precisamente, la única que ofrece, en su vitalismo espiritual, la correcta visión integral sobre la vida humana.

7

⟢ Dios fertiliza lo estéril ⟣

*«El código genético denota no solo inteligencia,
sino inteligencia trascendente».*

Fred Heeren

Es imposible abordar el tema del sexo sin tropezar con otros que de él se ramifican: anticoncepción y contracepción, esterilidad y fertilización, clonación e ingeniería genética, explosión demográfica y control natal, matrimonio y divorcio, nuevas nupcias, etc. Sería irresponsable limitar el análisis de algo tan vasto al simple aspecto erótico —sobre el cual volveremos adelante—, olvidando sus derivaciones.

Los abortistas ganaron su batalla más ardua cuando la Suprema Corte de los Estados Unidos de América decidió, hace ya treinta años, declarar ajustado a ley que una mujer decidiera truncar la vida que se gestaba dentro de su vientre. Corrían los tiempos épicos de la liberación femenina y aquella decisión fue recibida con una salva de aplausos. Después de tres decenios de libre ejercicio del aborto, el avance científico y tecnológico, unido a desarrollos y resultados negativos en el área social, han obligado a serios cuestionamientos sobre la viabilidad y conveniencia de una medida tan extrema. En 1981 el Senado de los Estados Unidos consideró el llamado «Proyecto para la Vida Humana», a través de extensas sesiones, durante ocho días y con cincuenta y siete testigos, bajo la batuta del Senador John East. Trece declaraciones médicas relevantes afirmaron allí en forma categórica que la vida del individuo humano comienza en la concepción, es decir, el momento de la unión del espermatozoide con el óvulo.

El doctor Jack Willke y su esposa Bárbara, durante muchos años directores del programa radial *Life Issues*, realizaron profundos estudios sobre el tema,[1] de los cuales se desprende que todos fuimos un óvulo fertilizado que creció y se desarrolló, al cual solo se le agrega, desde el vientre hasta la tumba, nutrición. El diminuto ser humano se adhiere al revestimiento nutritivo del útero materno al cumplir una semana de vida. A los diez días, afecta con un mensaje químico-hormonal a la madre, interrumpe la menstruación de esta, hace que sus pechos crezcan, distiende las articulaciones de la pelvis y determina, en una decisión unilateral, el día de

---

1. Jack Willke & J.C. Willke, *Abortos: preguntas y respuestas*, Ed. Bonum, Argentina, 1992, págs.52-62.

su parto. Entre los diez y ocho y los veintiún días empieza a bombardear, en un sistema circulatorio cerrado, sangre de tipo diferente al de la madre. A los cuarenta días el electroencefalograma registra sus ondas cerebrales. A la sexta semana, si se estimula la región de los labios, se inclinará hacia un lado y sus brazos retrocederán brevemente. A la octava, si pellizcamos su nariz, flexionará la cabeza hacia atrás.

Otros datos científicamente comprobados son los siguientes: a las seis semanas y media surgen todos los esbozos de los veinte dientes de leche; a la octava, están presentes todos sus sistemas corporales y las ecografías muestran que algunos fetos ya se chupan el dedo; entre las nueve y diez, mira de reojo, deglute, mueve la lengua y es capaz de cerrar el puño. Al alcanzar las semanas once a doce, ya respira líquido amniótico en forma sostenida y continua hasta el momento del nacimiento, cuando empezará a respirar aire. En la onceava semana puede tragar. Las uñas y las pestañas le brotan entre las semanas doce y dieciséis. El sentido de la audición aparece a las catorce semanas de la concepción, lo cual significa que el cerebro funciona con pautas de memoria. El minucioso escrutinio anterior no deja dudas sobre la existencia de la individualidad desde el momento de la concepción.

PRESCIENCIA

Al margen de consideraciones científicas, la Palabra de Dios es muy explícita sobre estos temas, pese a la renuencia que algunos sectores muestran a reconocerlo:

> «La palabra del Señor vino a mí: Antes de formarte en el vientre, ya te había elegido; antes que nacieras ya te había apartado; te había nombrado profeta para las naciones» (Jeremías 1:4-5).

Esta Escritura, favorita del predestinacionismo, dice bien a las claras que el ser humano es ya una persona en la mente de Dios antes de formarse en la matriz de la madre. En otras palabras, que un embrión es alguien a quien ya Dios conocía antes de su formación, lo cual demuestra que el aborto es un asesinato. El salmista, por su parte, es muy preciso sobre la materia:

> «Tú creaste mis entrañas; me formaste en el vientre de mi madre. ¡Te alabo porque soy una creación admirable! ¡Tus obras son maravillosas, y esto lo sé muy bien! Mis huesos no te fueron desconocidos cuando en lo más recóndito era yo formado, cuando en lo más profundo de la tierra era yo entretejido. Tus ojos vieron mi cuerpo en gestación: todo estaba ya escrito en tu libro; todos mis días se estaban diseñando, aunque no existía uno solo de ellos» (Salmo 139:13-16).

¡Asombroso! En el libro de Dios está escrito desde toda la eternidad cada detalle que se forma en la matriz femenina durante el embarazo. Pero no olvidemos que el desarrollo del Cristianismo se inició dentro del Imperio Romano, cuyo Derecho sostenía que el embrión era parte del cuerpo materno —no otro ser sino en el momento del nacimiento— y consideraba al aborto como la simple amputación de un órgano perteneciente a la madre, práctica admitida por la ley tanto en Grecia como en Roma. Andando el tiempo, cuando las tribus bárbaras invaden el Imperio, introducen la novedad de que el aborto sea permitido en todos los casos, salvo cuando haya habido violencia contra la madre para producirlo. Es verdad sabida que el Cristianismo aporta los elementos bíblicos a la cultura greco-romana, primero; y, después, a la celto-germánica, fusionándolas todas.

En asuntos de natalidad, hubo siempre la idea de que el embrión es una persona dotada de espíritu, alma y cuerpo desde el momento mismo de su concepción. Pese a ello, a lo largo de la Edad Media, época de grandes discusiones, algunos padres de la iglesia produjeron choques entre la ley romana y la verdad bíblica. Curiosamente Tomás de Aquino afirmó que el alma de los niños varones entraba en el feto a los cuarenta días de la concepción, en tanto que la de las niñas, solo lo hacía a los ochenta.[2]

Comoquiera que sea, es evidente que antes de ser diminutos embriones, Dios ya nos conocía, y en su Libro estaban escritas todas aquellas cosas que después se formaron en los vientres de nuestras madres, sin faltar una sola.

---

2. Dora Torres, *El aborto, posibilidad de elegir*, El Tiempo, Diario de la Mañana, Sept. 10, 1994, pág. 4A.

Un salto temporal nos muestra que en la deshumanizada Francia el aborto fue legalizado en 1973, y en los descristianizados Estados Unidos en 1974, con el criterio de que el cuerpo de la mujer pertenece a ella misma en forma autónoma. Tal idea difiere de San Pablo cuando este dice a los corintios que el cuerpo de la mujer casada le pertenece al marido; en el caso de que no lo tenga, aunque el cuerpo le pertenezca a ella, no así el de un ser distinto que se está formando en su vientre. Que la mujer tenga la posibilidad de elegir, es una insidia de demógrafos desvergonzados. ¿Elegir qué? Dios dijo: «No matarás», y el aborto es un asesinato. El ya citado San Pablo, como no puede ser de otra manera, coincide con Jeremías:

> «Sin embargo, Dios me había apartado desde el vientre de mi madre y me llamó por su gracia» (Gálatas 1:15a).

Imaginemos por un momento si se le hubiera ocurrido a la madre de Pablo concurrir a una clínica de abortos en Tarso, ¿dónde estaríamos nosotros sin el apóstol de los gentiles? Siempre me ha conmovido hasta las lágrimas el relato de Lucas en su maravilloso Evangelio, cuando la bienaventurada virgen María, ya encinta por obra del Espíritu Santo, visita a su parienta Elizabet, quien, a su turno, está embarazada de Juan el Bautista. Si lo que ellas portan en sus vientres no son personas completas con espíritu, alma y cuerpo, formadas por propósitos de Dios, ¿cómo se explica esta ocurrencia?:

«Pero, ¿cómo es esto, que la madre de mi Señor venga a verme? Te digo que tan pronto como llegó a mis oídos la voz de tu saludo, saltó de alegría la criatura que llevo en el vientre» (Lucas 1:43-44).

Misterio de misterios, el Espíritu Santo comunica al espíritu del pequeño Juan, dentro de Elizabet, que aquel que gestaba en el útero de su prima era precisamente el Mesías que él tendría la obligación de anunciar a las naciones.

BREVE TESTIMONIO

Debo ahora hablar en primera persona, ya que el testimonio siempre es una buena ilustración de la Palabra. A solo ocho días del nacimiento de mi nieto David en la ciudad de Buenos Aires, fui invitado por Juan Pazuello, entonces presidente de la Confederación Evangélica Pentecostal de Argentina, a predicar en su iglesia. Nuestra Patricia, próxima a dar a luz, y su esposo, el pastor Silvano Espíndola, quienes me acompañaban, refieren que durante los períodos de alabanza, adoración y anuncios varios, todo estaba en calma; pero cuando yo inicié el sermón, el pequeño David, en el vientre de su madre, empezó a moverse nerviosamente y lo hizo en forma ininterrumpida durante los cuarenta y cinco minutos de mi prédica. Cuando su abuelo, que estaba afuera, terminó de hablar, él dejó de moverse adentro. Mentes racionalistas y escépticas hablarán de casualidades, pero yo sé lo que pasó: el espíritu del pequeño David y el mío estaban siendo unidos, en unidad espiritual, por el Espíritu de Dios.

Quienes afirman que un ser es plenamente humano solo cuando nace, ¿cómo explican que se pueda, por medio de una operación cesárea, extraer un feto de la madre con cinco meses de gestación y mantenerlo vivo fuera de la matriz? ¿Cómo puede permanecer con vida en ambiente distinto del vientre materno un niño que no ha cumplido el ciclo normal para nacer, es decir, para hacerse persona, según algunos abortistas? ¿Cómo puede ser incubado fuera del natural habitat uterino materno? Dios bendiga los logros científicos que así lo permiten. Doy fe que mi nieto Arturo, nacido con cortos días de anticipación a la fecha prevista, pudo superar una insuficiencia respiratoria gracias a tales avances médicos.

Al final del siglo XX se realizó en El Cairo una conferencia sobre población patrocinada por la ONU. Allí los países industrializados quisieron imponer el aborto como un método de planificación familiar, especialmente indicado para aplicar en el Tercer Mundo.[3]

Gracias a Dios, después de muchas discusiones, se decidió aceptar la voluntad soberana de cada pueblo en el asunto, dadas las gravísimas implicaciones que este flagelo acarrea sobre la sociedad. Fue simbólico que dicha reunión global se realizara en la capital de Egipto, la potencia donde un gobernante de la antigüedad quiso eliminar al pueblo de Dios a través del

---

3. ONU, Conferencia Mundial de Población, El Cairo, Egipto, Sept. 1994.

expedito medio de asesinar a los recién nacidos; esta práctica, conectada con la eugenesia, fue vindicada ayer nada más por los nazis y hace parte de la religión de Satanás desde tiempos inmemoriales. En el Sagrado Libro leemos:

> «Cuando entres en la tierra que te da el SEÑOR tu Dios, no imites las costumbres abominables de esas naciones. Nadie entre los tuyos deberá sacrificar a su hijo o hija en el fuego» (Deuteronomio 18:9a).

La consagración que hacían aquellos paganos a los demonios era, precisamente, inmolarles sus pequeños hijos. El tan discutido episodio de Abraham dispuesto a ofrendar la persona de Isaac como una prueba de obediencia a Yavéh, tenía por objeto demostrar didácticamente, en tiempos tan primitivos, que el Dios verdadero y Señor de la vida, a diferencia de los falsos dioses que son agentes de la muerte, no acepta que se lo honre por medio de sacrificios humanos. Satanás, por el contrario, odia a los pequeños y no quiere que vivan. Una popular revista colombiana divulgó un informe espeluznante, sobre grupos satánicos que funcionaban en Bogotá, a los cuales concurrían jovencitas embarazadas, y se practicaban el aborto para ofrendar sus bebés al diablo.[4]

La cruenta interrupción del embarazo es la forma como él hace sacrificar hoy los infantes. Por fortuna, la

---

4. *La Clave*, Revista Independiente, No. 4, 23 de junio de 1993. Bogotá, D.C.

Corte Constitucional de ese país dejó en claro que la Carta Magna considera ilegales el satanismo, la hechicería, el espiritismo, la parapsicología y actividades similares:

> «Si la policía, por ejemplo, descubre que en un sitio hay un culto en donde se sacrifica una vida humana o se planea un suicidio colectivo, puede tomar medidas para proteger la integridad de quienes asisten al rito».[5]

En algunas de las mal llamadas iglesias satánicas el rito es una orgía en la cual se mezclan alcohol y estupefacientes, con desenfreno sexual y sacrificios fetales.

MALTUSIANISMO

Hasta tiempos relativamente recientes nadie se preocupaba por limitar el número de los hijos, pero todos buscaban métodos para escoger su sexo. Parece un chiste, pero Aristóteles aconsejaba la cohabitación cuando soplaba viento del norte para engendrar varones, y del sur, para concebir mujeres. En Europa Central algunos campesinos acostumbran dejarse puestas las botas durante el trato carnal si desean engendrar un varoncito y, obviamente, se descalzan si desean

---

[5] Corte Constitucional de Colombia, Sala Quinta de Revisión, Fallo de Tutela, mayo 21 de 1995.

una mujercita. En zonas rurales de los Estados Unidos se tiene por infalible el método de colgar los calzones a la derecha de la cama si se quiere un hijo, y a la izquierda, si se procura una hija.

Agüeros aparte, el doctor Landrun Shettles, del Centro Médico Columbia-Presbyterian de Nueva York, descubrió que los ginospermatozoides productores de hembras sobreviven tres días a la ovulación en ambiente ácido; en tanto que los androespermatozoides productores de machos solo perduran durante la ovulación en ambiente alcalino; se ha creído, entonces, que la relación sexual antes, durante o después del período de ovulación podría determinar el sexo de los hijos. Un Ogino más específico. El pensador judío Max Nordau ambicionaba «la mejor mujer para el mejor hombre y para los hijos el mundo».

Entre finales del siglo XVIII y principios del XIX, vivió en La Gran Bretaña un pastor protestante y economista de campanillas, el popular Tomás Malthus, quien ha sido incomprendido y calumniado. El escribió un famoso ensayo sobre el principio de población, en el cual habló del crecimiento del capital y de la gente, y advirtió que, de no haber aumento de empleos, la humanidad entraría en un cuello de botella. Malthus solo interpretó lo que dice la Biblia:

«Donde abundan los bienes, sobra quien se los gaste» (Eclesiastés 5:11ª).

El nombre del hermano Malthus ha sido llevado y traído por economistas y sociólogos y algunos identifican en lo que llaman «maltusianismo» una manera de propiciar la guerra y la peste como métodos de control poblacional. Malthus no dijo eso, sino que la guerra, la peste y las catástrofes eran defensas de la naturaleza misma ante la explosión demográfica. Deplorablemente, algunos de sus discípulos pasaron de la planificación económica a la planificación familiar, y allí empezaron los problemas.

Salvo extremistas que nunca faltan, los cristianos creemos que el número de hijos debe ser acordado por cada pareja matrimonial en conciencia, bajo la guía del Espíritu Santo y por métodos no abortivos. Al decirse «en conciencia» debe sobreentenderse «recta conciencia»; cuando se hace bajo mala conciencia, o conciencia corrompida, la planificación es una inconciencia y, desde luego, un pecado. Por lo tanto, las parejas deben colocarse, en todo caso, bajo la guía de un pastor sabio que pueda despejar sus dudas, ya que es muy difícil trazar reglas rígidas al respecto. Por ejemplo, la estrechez económica no es, por si sola, un motivo de control natal.

SUPERPOBLACIÓN

El doctor Paul Kennedy escribió hace algunos años el libro *Ascenso y caída de los grandes poderes*, en el cual analiza los fenómenos posteriores a la guerra fría: el derrumbe del Muro de Berlín y de la Unión Soviética, el fracaso del comunismo, etc., y profundiza en el análisis de lo que llama «La Nueva División

Mundial», que se perfila ahora mismo entre los pobres y los ricos. Según los cálculos más pesimistas, en el año 2025 la tierra tendrá nueve mil millones de personas. Kennedy se explaya analizando cómo serán los problemas del consumo, la producción, el mercadeo, la educación, los servicios, la economía, de manera especial en los países más densamente poblados: India, China, Centroamérica y África.[6]

En las sociedades ricas la población crece con mucha lentitud e inclusive en algunas —Italia, por ejemplo—, las mujeres son subsidiadas para que conciban y alumbren. Europa ha pasado de Viejo Mundo a mundo viejo, por la planificación extralimitada. Es un continente sin niñez ni juventud. Es decir, sin futuro. En la desarrollada Suecia, el 20% de la gente es mayor de sesenta y cinco años, mientras en Kenya, un país emergente, el 60% de los habitantes es menor de quince años. Esta polarización ha traído otras consecuencias; por ejemplo, la creciente adopción de bebés tercermundistas por padres del mundo desarrollado, no pocas veces convertida en mercado negro de infantes, sin aduanas ni proteccionismo. ¡Contrabando de seres humanos!

¿Cómo quieren las potencias solucionar los problemas demográficos? ¡Con el aborto! No obstante, los estudios más serios sobre el tema dicen que en el mundo hay todavía espacio para mucha más gente. Sorprende saber que toda la población actual, los seis

---

6. Paul Kennedy, *La división demográfica es el reto para el siglo XXI*, Los Ángeles Times Syndicate, El Tiempo, Diario de la Mañana, Sept. 11 de 1994. pág 12A.

mil millones que hay sobre la tierra, cabrían en el solo estado de Texas de la Unión Americana, según proyección basada en la actual densidad de población global. Es un sofisma de distracción hablar de falta de espacio, cuando lo que hay es mala distribución de la población y, sobre todo, de los recursos. Billy Graham en su libro *Aviso de tormenta*,[7] amonesta a la sociedad norteamericana con el argumento bíblico de que al que mucho se le ha dado, mucho se le demandará; y advierte que su nación tendrá que responder ante Dios en un juicio colectivo por la indolencia ante los países pobres. La solución no es el aborto, sino regresar a las raíces bíblicas, que engrandecieron a los Estados Unidos. Hoy, por lo menos, hay un presidente que ora en la oficina oval, como lo hacía Lincoln.

ANTICONCEPCIÓN

Las transformaciones económicas, sociales y culturales por las que atraviesa América Latina han modificado profundamente las ideas en cuanto al número de hijos que debe tener una pareja. La propaganda ha difundido la necesidad de fomentar familias pequeñas y la planificación familiar ha tomado mucha fuerza. El continente es a menudo citado por los organismos internacionales como ejemplo en estas materias. Los gobiernos de la región han diseñado políticas a favor de los servicios de planificación familiar, tanto públicos

---

7. Billy Graham, *Aviso de tormenta*, Unilit, Miami, 1993.

como privados; en los últimos veinte años el uso de anticonceptivos se ha incrementado en forma extraordinaria y las tasas de natalidad se han reducido drásticamente. Esto ha traído una pesada carga sobre los hombros de la mujer, ya que es ella el receptor casi exclusivo de los ingenios de anticoncepción y esterilización, orales, intrauterinos, etc. Pero los métodos no son seguros, fallan con frecuencia y, sobre todo, son ineficaces cuando media la voluntad de Dios.

Recién inaugurada la iglesia colombiana Casa sobre la Roca (1987), el Señor ofreció que daría una señal poderosa e incontrovertible de que era su propósito crear una nueva nación. Durante una jornada de ayuno, visitaron el templo de esa congregación dos distinguidos ejecutivos empresariales cuyos nombres no hace falta mencionar. Al orar por ellos, el Espíritu Santo dijo algo sorprendente: «Bendigan la criatura que viene en este vientre». A la sazón ellos estaban planificando porque ya tenían tres hijos, y a la señora le habían ligado las trompas de Falopio. Dos meses más tarde, al final de una oración familiar, ella fue llevada al primer capítulo del Éxodo donde se habla de la aflicción de los israelitas cuando los egipcios procuraban matar a sus niños, y supuso que el mensaje sería para otra persona de la iglesia. Sin embargo, poco tiempo después quedó embarazada y su desconcierto fue grande cuando su médico personal, un distinguido catedrático universitario, le manifestó que, según la ley de las probabilidades, tal accidente podía ocurrir una vez en un millón. Buscando la guía del Señor, encontró la conocida trascripción que Pablo hace del profeta Isaías:

«Porque está escrito: Tú, mujer estéril que nunca has dado a luz, ¡grita de alegría! Tú, que nunca tuviste dolor de parto, ¡prorrumpe en gritos de júbilo! Porque más hijos que la casada tendrá la desamparada» (Gálatas 4:27).

Ella se apropió de la primera parte del versículo, pero grande fue su sorpresa cuando se le informó que no podía tener el hijo en un parto normal sino por cesárea, lo cual le adjudicaba también la segunda. Su niña —a quien los jóvenes llamaron «Roquita»— fue la primicia de aquella naciente iglesia, donde, desde entonces, muchos hogares se alegran frecuentemente con la presencia de nuevos hijitos de Dios.

MALFORMACIÓN

Hay casos especiales en los que resulta inevitable la suspensión de un embarazo, y sobre el particular no pueden trazarse reglas apresuradas ni generales. La recta conciencia, la ética médica y la propia bioética, así como una sabia guía pastoral, deben trabajar de consuno en la toma de decisiones. Pero hay testimonios de malformaciones congénitas graves, corregidas por la oración de fe. La hija de un pastor colombiano pasó por una experiencia extraordinaria, cuyo breve relato estimula la confianza en Dios y su poder. Desde el comienzo de su primer embarazo las ecografías y otros exámenes médicos mostraron en su vientre un huevo anembrionado, algo informe, indefinible.

La oración persistente de la joven madre, su esposo, familia e iglesia, produjo lo que solo puede calificarse como un milagro: después de fracasar varias inyecciones formuladas para inducir un aborto, los padres de la criatura decidieron dejar seguir el proceso normal. Finalmente, el cuerpo médico no pudo esconder su asombro al constatar, mediante ecografías y otros métodos, que la anomalía se había corregido del todo y el embrión crecía en normales condiciones. Poco tiempo después ya gateaba una sonrosada bebita por los pasillos de la iglesia pastoreada por su abuelo.

IN VITRO

El condenacionismo fanático sobre los avances del progreso conduce a la comisión de muchos abusos en el nombre de Dios. Hay líderes cristianos de tan escasas luces intelectuales que, con lo que ignoran, se podría reconstruir la biblioteca de Alejandría; ellos pretenden enfrentar a la Biblia con la ciencia y la tecnología, en una actitud algo Edad Media y muy Inquisición, y miran con recelo interesantes avances, por ejemplo, de la ingeniería genética. Obsérvese que hace unos veinte años fue anatematizado el experimento de los «bebés-probeta», y hoy algunos de ellos se sientan felices en sillas de templos cristianos. ¿Deben ser rechazados o acogidos con amor? No faltará quien sospeche que alguno de tales feligreses puede ser el anticristo en persona. Los choques entre ciencia y teología son inevitables, pero solo deberían aceptarse cuando el hombre pretende invadir terrenos potestativos de la Divinidad; en este caso, hemos de rechazar enfáticamente tales invenciones.

Es verdad que en el mundo de hoy algunos médicos están asumiendo perfil de dioses, como empeñados en crear el robot biológico del que habló Huxley, el profeta de lo absurdo. Ante tal estado de cosas, algunos cristianos piensan que tan grave como un aborto es realizar una inseminación *in vitro*, pues esta consiste en colocar varias opciones embrionarias en las probetas. Si son cinco, cuatro morirán para que una superviva. ¿Es esta una forma de homicidio o una solución viable para parejas angustiadas que, así, pudieran tener hijos? Hay buenas razones para dejar la respuesta en el ámbito de la libertad de conciencia.

> (Me refiero a la conciencia de otros, no a la de ustedes.) ¿Por qué se ha de juzgar mi libertad de acuerdo con la conciencia ajena? (1 Corintios 10:29).

Por otra parte, la inseminación artificial, los bancos de semen y los vientres de alquiler que ya proliferan en la sexo-sociedad de consumo, abren graves interrogantes; pero, al margen de la responsabilidad que a los padres corresponda, ¿qué hacer con los seres humanos concebidos y nacidos por tales métodos? ¿No merecen ellos recibir, acaso, el mensaje de salvación igual que cualquier otra persona? Como quiera que sea, el médico posmoderno se está convirtiendo temerariamente en una especie de Frankenstein genético, y experimentos como la clonación humana son extralimitaciones inexcusables. Impresiona la abundancia de pretextos para abortar a un niño, por ejemplo: es hijo de un bígamo, de un asesino, de una ramera, de un incesto, de un adulterio, etc. Si revisamos el capítulo 1 de San Mateo, encontraremos en la genealogía de Jesús a los siguientes personajes: Judá, hijo de Jacob, quien tenía —el segundo— dos esposas y varias concubinas. Fares, hijo de Judá y de la nuera de este, Tamar, quien se disfrazó de ramera para engañar a su suegro. Booz, bisabuelo del rey David, hijo de Salmón en Rajab, la ramera de Jericó. Obed, hijo de Rut la moabita, descendiente de Moab, producto este último de un incesto. Salomón, hijo de David y Betsabé, quienes habían cometido adulterio anteriormente. Amón, hijo de Manasés, es decir, de un idólatra, pervertido sexual, y criminal. Porque todos estos hijos de pecadores no fueron abortados, pudimos tener un Salvador en su descendiente Jesús de Nazaret. Si algo muestra el misterioso amor de Dios por nosotros es el hecho de que su Hijo Unigénito no pudo nacer en la tierra de mejor familia que el resto de los humanos, sino de la raza caída de Adán. Impresiona vivamente que él se autoproclame Hijo del Hombre.

CLONACIÓN

Mientras escribo, revolotea a mi alrededor otro de mis nietos, Pablo; francamente no me gustaría que lo clonaran. ¡Él es único! Pese a que en escritos anteriores intenté una rápida incursión a este espinoso tema, debo dejar en claro que jamás he pretendido hollar terrenos que me son vedados. ¡Dios me libre del diletantismo! Dicen que cuando Teilhard de Chardin planteó el evolucionismo dentro del ámbito católico-romano, algunos miembros de la jerarquía instigaron su excomunión, la cual no se produjo porque Juan XXIII les replicó: «Yo no puedo condenar lo que no entiendo».

Es claro que el padre Teihard y toda su farragosa bibliografía han pasado a buen retiro, como no tardará en sucederle al evolucionismo en su totalidad; pero esta anécdota sirve para que todos nos cuidemos de lanzar opiniones sobre temas propios de los especialistas. Doy gracias a Dios porque el admirado hermano Antonio Cruz es pastor y, también, biólogo, dotado así de autoridad para hablarnos de este tema en un libro que debe ser artículo de primera necesidad para obreros cristianos.[8]

Lo anterior no elimina mi natural interés como dirigente espiritual, unido a una sana curiosidad de comunicador social y periodista, acerca de la clonación humana, sobre la cual soy moderadamente escéptico con base en informaciones serias que han sido difundidas profusamente. Veamos algunas: El director general de la Unesco, Koishiro Mansura, recordó en diciembre de 2001 la plena vigencia de la Declaración Universal sobre el Genoma Humano y los Derechos Humanos, que condena categóricamente investigaciones o prácticas encaminadas a la clonación humana con fines reproductivos. El funcionario recalcó:

> «la urgencia de hacer todo lo posible, a nivel nacional e internacional, para prohibir experiencias que no

---

8. Antonio Cruz, *Bioética Cristiana*, Ed. CLIE, Barcelona, 1999.

solo son científicamente arriesgadas, sino que además son éticamente inaceptables, puesto que constituyen un ataque intolerable a la dignidad humana».[9]

La Comisión Europea pidió la prohibición de la clonación de seres humanos; lo hizo en labios de su comisionado de investigación científica Phillippe Busquen y en términos inequívocos:

«La clonación con fines reproductivos debe condenarse no solo por obvias razones éticas y valores morales comunes, sino porque es una práctica completamente irresponsable desde el punto de vista científico».[10]

La agencia Reuters divulgó al mundo la viva protesta del doctor Harry Griffin, famoso clonador de la oveja Dolly, por los anuncios de la empresa Clonaid, vinculada a la secta de los raelianos, sobre supuesta clonación humana. Las palabras textuales del autorizado sabio ponen punto final al tema en las páginas de este libro:

«Hay mucho sobre esta historia que no suena a verdadero. Las tasas de éxito en la clonación de otras especies han sido muy bajas, con un montón de problemas surgidos en los fetos y en los clones nacidos. Los intentos de clonar monos han sido desafortunados y la clase de

---

9. Notimex, México, Dic. 30, 2002.
10. CNI en Línea. YAHOONOTICIAS-TECNOLOGÍA.

éxito que dice haber tenido Clonaid contradice totalmente la historia de la clonación de otras especies».[11]

El paso del tiempo irá dando pautas a la iglesia sobre un experimento que se halla, no digamos en pañales, sino apenas en embrión; pero no deja de ser claro pronóstico de meteorología espiritual que la clonación humana se esté promoviendo por una secta religiosa que rinde culto a extraterretres. Los demonios lo son en sentido muy real. Gracias a Dios, el presidente George W. Bush ha propuesto al congreso de los Estados Unidos una ley que prohíbe todo tipo de clonación humana. En este particular una discusión temprana teología-ciencia caerá en el campo especulativo, como ha ocurrido antes a través de la historia, en una comedia de equivocaciones. A un periodista del sur de la Florida que me preguntó por sorpresa: «¿Qué haría usted si, dentro de unos años, un clon humano quisiera hacerse miembro de su iglesia?», yo le respondí, sonriente: «En ese hipotético caso, entre un clon para Dios y un clon para el diablo, escogería lo primero».

ADOPCIÓN

Dios crea los niños, Satanás los mata. Dios es vida, Satanás es muerte. El infanticidio de los israelitas en Egipto y la matanza de los inocentes en Judea, guardadas las proporciones cuantitativas, resultan de poca monta ante

---

11. Meter Graff, Agencia Reuters, Londres, 5 de enero 2003.

la horrible y cotidiana masacre infantil del tiempo actual en todo el mundo. Sin embargo, el Señor saca adelante sus propósitos: el plan de Faraón fracasa cuando se pone en marcha el de Dios con el nacimiento de un pequeño a quien se abandona dentro de una canastilla en el río Nilo, por cuya ribera se pasea la hija del Faraón.

> «Ya crecido el niño, se lo llevó a la hija del faraón, y ella lo adoptó como hijo suyo; además, le puso por nombre Moisés, pues dijo: Yo lo saqué del río» (Éxodo 2:10).

Nos abocamos aquí a un concepto absolutamente bíblico: el de la adopción. Dios reconoce la existencia de padres e hijos adoptivos al igual que la de los genéticos. Moisés, educado en el palacio real como hijo de la hija del Faraón, al no ser abortado ni muerto, cumple la predestinación divina: ser el libertador de los israelitas de la esclavitud egipcia. Una historia parecida, e igualmente hermosa, leemos en el libro de la reina Ester.

> «Mardoqueo tenía una prima llamada Jadasá. Esta joven, conocida también como Ester, a quien había criado porque era huérfana de padre y madre, tenía una figura atractiva y era muy hermosa. Al morir sus padres, Mardoqueo la adoptó como su hija» (Ester 2:7).

Cuando Dios impide que un niño muera, y si provee padres adoptivos para un huérfano o desamparado, es buena señal sobre algún propósito de su Voluntad. En medio de la discriminación e inminentes persecuciones a los judíos, Ester es desposada por Asuero, convirtiéndose así en reina de los persas y, desde su trono, obra como el instrumento de liberación de su gente. Ahora, al igual que en aquellos tiempos, la adopción es una puerta que Dios abre para proteger a los niños. Desde tiempos inmemoriales el hijo adoptivo tiene idénticos derechos y, muy a menudo, es amado con mayor intensidad que el genético. El más estruendoso fracaso de Satanás por asesinar a un niño, está relatado en el evangelio:

> «Cuando ya se habían ido, un ángel del Señor se le apareció en sueños a José y le dijo: Levántate, toma al niño y a su madre, y huye a Egipto. Quédate allí hasta que yo te avise, porque Herodes va a buscar al niño para matarlo» (Mateo 2:13).

José, el padre adoptivo de Jesús, es el escudo de Dios para proteger la vida humana de su Hijo Unigénito, es decir, del único Hijo genético que tiene, pues todos los demás somos adoptivos. En otras palabras, Jesucristo es engendrado por Dios y adoptado por el hombre; los cristianos somos engendrados por el hombre y adoptados por Dios. Sin lugar a dudas, es mejor un niño adoptado que un niño abortado.

ESTERILIDAD

Pasando a otro tema, hay personas estériles desde el punto de vista de la genética, hombres que no engendran, mujeres que no conciben; y la teología de algunos grupos, sobre todo los reproduccionistas, está muy perturbada con este asunto. ¿Cómo decirle a una persona estéril que estará en pecado cuando se una sexualmente con su pareja, a sabiendas de que no pueden tener hijos? Es una aguda pregunta, en la cual sale involucrado en persona el mismísimo Abraham, al igual que muchos hombres y mujeres santos que tuvieron —y tienen— ese problema, sin que nadie sensato pueda acusarlos de pecado en el ejercicio de las relaciones conyugales. Pero Dios fertiliza lo estéril, como es fácil demostrarlo a través de una serie rapidísima de ejemplos bíblicos. Sara, mujer del padre de la fe, era de vientre estéril; pero, a la avanzada edad de noventa años, siendo su esposo casi de cien, fue fertilizada milagrosamente por el poder de Dios y parió a Isaac, llamado por esa causa «el hijo de la promesa». Este, por su parte, contrae matrimonio con Rebeca, quien padece la misma anomalía; una vez más, el Dios de los imposibles se manifiesta milagrosamente y, como si quisiera abundar en demostraciones de poder, bendice a la pareja con gemelos: Esaú y Jacob, troncos patriarcales de dos naciones numerosas.

Jacob, por su parte, profundamente enamorado de su prima Raquel, paga un altísimo precio por ella: catorce años de duro trabajo, con el deprimente resultado de que el amor de su vida es estéril; Raquel, mujer de fe, deposita el asunto en manos de Dios y él, una vez más, hace resplandecer su omnipotencia como respuesta a la oración: La estéril se convierte en madre de José y Benjamín, dos patriarcas claves en la historia nacional del pueblo de Israel.

En la época turbulenta de los Jueces, la mujer de un varón llamado Manoa adolece de idéntica limitación: esterilidad; Dios le envía un ángel para darle la buena noticia de que su matriz servirá al propósito divino de darle a la nación en servidumbre un libertador. Así nace Sansón, quien rompe las cadenas del yugo filisteo sobre sus connacionales.

Uno de los personajes de más alto relieve de la Biblia es Samuel, el último de los jueces y el primero de los profetas, cuya vida fue posible porque su madre Ana, mujer de matriz infértil, oró clamorosamente al Señor y obtuvo abrumadora respuesta. Sí, Dios fertiliza lo estéril. De ello es prueba poderosa, así mismo, una historia que nos toca muy de cerca en la frontera espiritual definitiva, donde se cierra el a.C. para que el d.C. haga posibles todas las cosas. Un sacerdote llamado Zacarías se hallaba en situación idéntica a la de sus antecesores ya mencionados: estaba casado con una mujer estéril; pero el Dios de los imposibles envía un ángel a darle buenas noticias:

> «El ángel le dijo: —No tengas miedo, Zacarías, ha sido escuchada tu oración. Tu esposa Elisabet te dará un hijo, y le pondrás por nombre Juan» (Lucas 1:13).

Y, por cierto, de este Juan dijo el propio Redentor expresamente que era el más grande de todos los nacidos de mujer.

AVIVAMIENTO

Meditemos ahora en el plan siniestro de las tinieblas para eliminar la vida del Mesías: el decreto real que ordenó el infanticidio colectivo comúnmente llamado «matanza de los inocentes». El niño que Satanás quiso asesinar a través de Herodes es el fruto del más bello embarazo que la historia conoce:

> «¿Cómo podrá suceder esto —le preguntó María al ángel, puesto que soy virgen? —El Espíritu Santo vendrá sobre ti, y el poder del Altísimo te cubrirá con su sombra. Así que al santo ser que nacerá lo llamarán Hijo de Dios» (Lucas 1:34-35).

De esta manera se hizo hombre el Autor de la vida, para librarnos de la muerte. El aborto es muerte. Satanás tiene el imperio de la muerte. Históricamente, sin embargo, en medio de los genocidios, los predestinados superviven: Faraón no pudo truncar la vida de Moisés. A Herodes le fue imposible matar a Jesús. Tampoco pudo hacerlo con Pedro, Andrés, Juan y Jacobo, Simón el zelote y Tomás el Dídimo; pues en la matanza de los inocentes podían estar incluidos los apóstoles y todos los que, siendo sus contemporáneos, fueron objeto del ministerio directo de Jesús en su tiempo: Lázaro el resucitado, Bartimeo el ciego, Nicodemo el intelectual, Zaqueo el millonario.

Hoy, como en los tiempos de Faraón y en los de Herodes, Satanás quiere exterminar a los niños. Siempre que se aproxima un avivamiento espiritual, ocurre otro tanto. ¿Será esta la razón por la cual el sacrificio inmisericorde de bebés se halla tan difundido en nuestra época? Quizás estemos a vísperas de un gran acontecimiento, presidido por aquel de quien se ha escrito:

> «Por tanto, ya que ellos son de carne y hueso, él también compartió esa naturaleza humana para anular, mediante la muerte, al que tiene el dominio de la muerte —es decir, al diablo—, y librar a todos los que por temor a la muerte estaban sometidos a esclavitud durante toda la vida» (Hebreos 2:14-15).

El control poblacional, la contracepción sin límites y el aborto, sumados a la desnutrición, las epidemias y la guerra mantienen a la especie humana bajo un incesante holocausto infantil. Es deber de la iglesia proteger a los pequeños sobrevivientes de hoy, y a los que se hallen en camino, para garantizar la nueva sociedad que prepare la manifestación definitiva del Dios de la vida.

8

La soledad compartida

> «Amar no es mirarse uno a otro; es mirar juntos
> en la misma dirección».
>
> Saint-Exupéry

Entendido el hombre como una tricotomía —espíritu, alma y cuerpo— se percibe que el catolicismo romano es una religión del alma, por el alma y para el alma; en tanto la llamada iglesia evangélica quiere organizar una religión del espíritu, por el espíritu y para el espíritu. El primer sistema, al enfatizar lo psíquico, es más bien mental y se inclina al humanismo; el segundo, al resaltar lo espiritual, ha pasado por alto que el hombre es también un ser anímico y, por lo mismo, sentimental, sensible y sensitivo, con necesidades psicológicas y fisiológicas muy concretas. La antropología católica y la evangélica por igual rebajaron así al cuerpo humano a algo indigno, un intruso o un estorbo en la persona ideal, despojándolo de la importancia que le es propia. Convendría a los dos bandos recapacitar en la portentosa precisión de Justino Mártir:

> «El cuerpo es la casa del alma,
> el alma es la casa del espíritu».

Los tres componentes del ser humano no deben disociarse, forman un todo integral: el espíritu trasciende; el alma comprende (mente), aprehende (emociones) y distiende (voluntad); el cuerpo, por su parte, tiende, enciende y suspende el impulso interior. Valdría la pena preguntarse qué es más torpe: una religión del alma o una religión sin alma. La iglesia es un edificio construido de piedras vivas, lo cual significa seres espiritual-psíquico-somáticos en plenitud de actividad. Muchos grupos eclesiásticos no son espacios para la libertad sino reductos de la prohibición: prohibido reír, prohibido jugar, prohibido enamorarse, prohibido divertirse, prohibido sentir. ¡La crucifixión del alma! No hay redención sin Getsemaní, es cierto; pero no hay cristianismo sin resurrección. El Gólgota es un gran accidente, necesario e inevitable; pero en la tumba vacía por la resurrección se ha ahogado para siempre el gemido existencial de Adán.

Ningún factor humano ha sufrido tantas distorsiones religiosas como el erotismo, su función y desarrollo, por ser precisamente el vehículo del amor que tiene chispa espiritual, fuerza motriz síquica y explosión corporal. La reivindicación del erotismo será posible si se comprende que el espíritu por si solo no puede expresar amor, el alma por si sola percibe el amor pero no lo concreta, el cuerpo por si solo únicamente animaliza el amor. El ser humano integral ama en su espíritu, siente el amor en su alma y lo expresa en su cuerpo. La disgregación de los elementos constitutivos del hombre trino y uno —espíritu, alma y cuerpo— hace de él un amador incompleto y, por lo tanto, insatisfecho y acongojado, de quien Albert Samain ha dicho que, más allá del orgasmo, «el hombre es un animal triste».

En la frontera modernidad-posmodernidad, Erich Fromm es a la psicología lo que Paul Tillich es a la teología. En su *Arte de Amar*, el pensador judeo-alemán habla de lo que llama «separatidad», que es la vida conciente de sí misma en sí misma. El hombre está dotado de razón y, por lo tanto, se sabe y se siente a si mismo como un ser separado que necesita integración y unidad con Dios y con sus semejantes.

> «Esa conciencia de sí mismo como una entidad separada, la conciencia de su breve lapso de vida, del hecho de que nace sin que intervenga su voluntad, de que morirá antes que los que ama, o estos antes que él, la conciencia de su soledad y «separatidad», de su desvalidez frente a las fuerzas de la naturaleza y de la sociedad, todo ello hace de su existencia separada y desunida una insoportable prisión. Se volvería loco si no pudiera liberarse de su prisión y extender la mano para unirse en una u otra forma con los demás hombres, con el mundo exterior»[1]

---

1. Erich Fromm, *El arte de amar*, Ed. Paidós, 1967, pág 19.

El acto por medio del cual se entregan el uno al otro un hombre y una mujer es la expresión del impulso de unidad que guía las acciones humanas. Nadie puede vivir solo; por eso el cristianismo es colectivista, no individualista, se muestra adverso a la «yoidad», reemplaza toda forma de exaltación del ego: egocentrismo, egoísmo, egolatría, narcisismo por el esfuerzo heroico de amar al prójimo como al propio ego. Somos miembros los unos de los otros, ovejas de un rebaño con Jesucristo como pastor. En tal orden de ideas, Adán separado de Eva y Eva separada de Adán se fusionan en el supremo acto de unión del hombre y la mujer, que es entregarse el uno al otro para integrarse, para descubrirse (conocerse, dice la Biblia) en el cónyuge, que es como descubrir al hombre, o que es propiamente conocer al hombre.

El sexo, pues, ha sido creado por Dios y es un vehículo de realización a través del cual se nos manda a procrear, deleitarnos con nuestra pareja y guardar la pureza personal. La espiritualización radical termina cuando el enamorado experimenta el complejo de Otelo y siente celos o los provoca, o cuando sus sentidos —vista, oído, olfato, gusto y tacto— le gritan que no se acostará con un espíritu. Los espíritus no se acuestan, pero generan el sentimiento que hace al alma desear y al cuerpo poseer. Un joven de semblante preocupado me abordó para comentarme que, por un servicio de consejería cristiana a través de Internet, se le había dicho que era pecado desear a la novia. Mi comentario fue sencillo: —Hay tres verbos que tú debes conjugarle a tu chica: Te amo, te necesito, te deseo, en ese orden; si falta uno de los tres, estás en graves problemas. Si no desearas a tu novia serías un anormal; canaliza tu natural deseo hacia la meta del matrimonio. Exigirle a un muchacho que no sienta apetito sexual, más que una tontería o una crueldad, es un esperpento.

El único parámetro dispuesto por Dios para que el ejercicio del sexo tenga su aprobación es el matrimonio, en el cual son identificables, entre muchas, seis bendiciones: compañía, ayuda, procreación, pureza, deleite y unidad espiritual. El adulterio vuelve añicos ese prisma.

El caso del rey David y Betsabé, expuesto a lo largo de 2 Samuel 11 y 12, es bien significativo. Luego de asesinar a Urías por medios indirectos, y pagar con la muerte del hijo de la unión aborrecible su pecado, David y Betsabé se arrepintieron (Salmo 51) y fueron perdonados y bendecidos por Dios con el nacimiento de Salomón. En algunos grupos eclesiásticos de hoy estos antepasados directos de Jesús serían escarnecidos, vejados, tratados con inclemencia y hasta expurgados del Cuerpo. Inexplicablemente algunos dan prelación a la justicia sobre la misericordia.

LA COMPAÑÍA

A veces se pasa por alto una verdad incuestionable: lo primero que Dios decide respecto al hombre no es que se reproduzca, sino que tenga compañía. El texto sagrado no deja dudas al respecto:

> «Luego Dios el Señor dijo: No es bueno que el hombre esté solo» (Génesis 2:18a).

De donde se desprende que el matrimonio, en el plan de Dios es, antes que nada, un pacto de compañía, un remedio contra la soledad. En la pareja humana se hace posible la «soledad compartida», de que habló el poeta checo Ranier María Rilke, un ideal que se cumple cuando «dos soledades mutuamente se limitan, se toleran y se reverencian».

El matrimonio no es un simple dormir juntos; es, sobre todo, soñar y despertar juntos, desayunar juntos, reír y llorar juntos, juntos disfrutar la prosperidad y soportar la estrechez; y, de vez en cuando, inevitablemente, reñir y reconciliarse. ¿No hacemos lo mismo, a cada paso, con el propio Dios?

LA AYUDA

Si fuésemos lógicos en la lectura bíblica, veríamos que la segunda intención clara de Dios es que el hombre tenga alguien que le ayude, una colaboradora eficiente, en la administración de los bienes que se le han encomendado.

> «Voy a hacerle una ayuda adecuada» (Génesis 2:18b).

Dicho en términos de hoy, el matrimonio es una sociedad limitada en la cual el hombre, representante legal del Gran Empresario Universal, marcha hombro a hombro con su socia, la mujer, en el ejercicio de la mayordomía sobre los recursos, las finanzas y las posesiones puestos a su disposición generosamente por el Dueño de todo y de todos. Es deplorable que la idolatría del dinero haya llegado al extremo de que, en los Estados Unidos de América, los contrayentes firmen, antes de realizar las bodas, el llamado «contrato prenupcial», en cuyas cláusulas se especifican con pelos y señales los bienes materiales para que quede claro qué es lo tuyo, y qué es lo mío, como si naturalmente todo no fuese lo nuestro.

LA PROCREACIÓN

Los hijos son un don incomparable de Dios y lo menos que se debería hacer por ellos es procurarles una familia equilibrada, emocional y espiritualmente; por desgracia, cada día aumenta el número de niños que vienen al mundo sin hogar, como productos de la fornicación, y abundan igualmente los que nacen y crecen en hogares destruidos o en conflicto. Dos pasajes paralelos de la Biblia arrojan luz al respecto:

> «Y los bendijo con estas palabra: Sean fructíferos y multiplíquense» (Génesis 1:28a).

La orden reproductiva dada por el Creador a la primera pareja humana otorga solemnidad al acto sexual. Al degenerarse la prístina idea, como ya lo hemos analizado, la civilización cainita llega a su fin mediante el Diluvio; pero, después de este, Dios repite la misma orden original a la familia encargada de repoblar el planeta:

> «Dios bendijo a Noé y a sus hijos con esta palabra: Sean fecundos, multiplíquense y llenen la tierra» (Génesis 9:1).

Se observa en los dos casos por igual una pauta que, al pasarse por alto, es la causa fundamental de los fracasos en noviazgos y matrimonios: primero bendición, después procreación; dicho de otro modo, ha de realizarse el matrimonio antes de emprender el acto reproductivo. Muchos sufren daños insoportables por alterar ese orden básico, ya que la anti-regla usada y abusada pareciera ser: primero el sexo y la procreación; y, después, la bendición, la cual generalmente llega como una salida de apuros, o para legalizar situaciones de hecho. En cuanto a la reproducción, como se ha señalado anteriormente, debe planificarse en oración, bajo la guía del Espíritu Santo, en perfecto acuerdo de los dos cónyuges y sin el empleo de métodos abortivos.

LA PUREZA

Ahora bien, el apóstol San Pablo, sistematizador de la doctrina cristiana, ha explicado a las claras que el matrimonio, simultáneamente con otras funciones específicas que tiene, es un poderoso escudo contra las tentaciones, un muro de contención frente a la inmoralidad sexual.

> «El hombre debe cumplir su deber conyugal con su esposa, e igualmente la mujer con el esposo. La mujer ya no tiene derecho sobre su propio cuerpo, sino su esposo. Tampoco el hombre tiene derecho sobre su propio cuerpo, sino su esposa. No se nieguen el uno al otro, a no ser de común acuerdo, y sólo por un tiempo, para dedicarse a la oración. No tarden en volver a unirse nuevamente; de lo contrario, pueden caer en tentación de Satanás, por falta de dominio propio» (1 Corintios 7:3-5).

Pese a tan claras instrucciones, es inquietante ver cómo el negarse a tener relaciones sexuales se usa a menudo a manera de castigo o desquite por actuaciones del cónyuge. Actitud semejante solo contraría el plan de Dios, pues en una pareja de creyentes todo ha de hacerse de mutuo consentimiento. Para los cristianos la unión conyugal debe ser la tumba del machismo y el feminismo por igual. Se sobreentiende que el matrimonio no es un simple biombo detrás del cual pueda practicarse toda clase de aberraciones sin límite alguno; deleitarse no significa mancillarse.

> «La voluntad de Dios es que sean santificados; que se aparten de la inmoralidad sexual; que cada uno aprenda a controlar su propio cuerpo de una manera santa y honrosa, sin dejarse llevar por los malos deseos como lo hacen los paganos, que no conocen a Dios» (1 Tesalonicenses 4:3-5).

¿Permitiría usted que su pastor alquilara el tempo de su iglesia para ser usado como discoteca, bar, expendio de drogas o burdel? No, desde luego, su destinación exclusiva es la de un lugar de culto a Dios. De igual manera, siendo su cuerpo el templo viviente del Espíritu Santo, ¿cómo degradarlo para actividades viles, contrarias a las que su propio Morador desea que tenga?

EL DELEITE

Una de las ideas más difundidas dentro del cristianismo tradicional pretende que el ejercicio del sexo ha sido determinado con la función exclusiva y específica de engendrar hijos, lo cual hace que muchas veces se lo practique a regañadientes, como una imposición, a oscuras, con rapidez y sin sabiduría en el arte de amar. Como lo ha señalado — ¡asómbrese usted!— Carlos Marx:

> «Si amamos sin producir amor, es decir, si nuestro amor como tal no produce amor, si por medio de una expresión de vida como personas que amamos, no nos convertimos en personas amadas, entonces nuestro amor es impotente, es una desgracia».[2]

Sorprende que un materialista consumado haya visto con tanta claridad este asunto, pues en términos

---

2. Erich Fromm, *El arte de amar*, Ed. Paidós, 1967, pág. 34.

cristianos el acto sexual no es una posesión sino una entrega; no se toma a una persona, se rinde la propia persona a esa persona. En el amor humano, más que en los bienes materiales, es más gratificante dar que recibir. Contrariamente a la idea perversa de que el judeo-cristianismo es el gran culpable de la infelicidad sexual que la indefensa gente de hoy soporta, la Biblia expresa en forma directa que Dios, no solamente quiere, sino ordena que el hombre y la mujer se deleiten el uno en el otro, franca y abiertamente, dentro de la pareja bendecida por el santo matrimonio.

> «Bebe el agua de tu propio pozo, el agua que fluye de tu propio manantial. ¿Habrán de derramarse tus fuentes por las calles y tus corrientes de aguas por las plazas públicas? Son tuyas, solamente tuyas, y no para que las compartas con extraños. ¡Bendita sea tu fuente! ¡Goza con la esposa de tu juventud! Es una gacela amorosa, es una cervatilla encantadora. ¡Que sus pechos te satisfagan siempre! ¡Que su amor te cautive todo el tiempo!» (Proverbios 5:15-19).

El énfasis de esta escritura descansa en eufóricas claves: Bendita sea tu fuente, goza con la esposa de tu juventud, que sus pechos te satisfagan siempre y que su amor te cautive todo el tiempo; se elimina cualquier sombra de temor o tristeza en la relación conyugal, se da la orden de divertirse y, por cierto, no se menciona, en este caso, la reproducción. El placer erótico propio de la relación sexual entre un hombre y una mujer no puede ser unilateral; al describir las características del verdadero amor, Pablo dice a los corintios que tal sentimiento «no es egoísta», de donde nace la necesidad de comprender que si alguien quiere ser feliz debe procurar la felicidad de la persona que ama.

El mundo ha difundido la insidia de que el cónyuge es el deber y el amante es el placer; de acuerdo a lo que la Biblia declara de mil maneras, en el contexto cristiano el mismo cónyuge es el mismo amante. Una visión santurrona del erotismo ha llegado a considerar al matrimonio como una institución solemne y aburrida que resulta necesaria para guardar las apariencias sociales; lo cual, de paso, ha fomentado prácticas eróticas ilícitas para obtener compensación y equilibrio. Hay que buscar fuera de casa lo que en casa no es posible conseguir. Los casados suelen olvidar pronto que el primer aliado del erotismo es el romanticismo, con toda su carga de grandeza y tragedia.

LA UNIDAD ESPIRITUAL

Es muy significativo que en los idiomas originales de la Biblia el verbo que se utiliza para describir la relación sexual del hombre y la mujer dentro del matrimonio sea conocer; aplicado al caso, adquiere un rico significado que engloba conocimiento espiritual, psíquico y físico. Cuando narra las relaciones sexuales ilícitas, la Biblia no emplea tal verbo (conocer), sino expresiones como «se llegó a ella» o, más comúnmente, «se acostó con ella» y «durmió con ella». Las relaciones sexuales fuera del matrimonio no permiten conocer, solo curiosear. Tal diferencia de tratamiento muestra bien a las claras lo que significa el acto sexual pecaminoso, por contraste con el que se realiza dentro del lecho conyugal, como lo dice el Libro de Dios:

> «Tengan todos en alta estima el matrimonio y la fidelidad conyugal, porque Dios juzgará a ... todos los que cometen inmoralidades sexuales» (Hebreos 13:4).

No en balde el tantas veces citado San Pablo compara el matrimonio con la unión que existe entre Cristo y la Iglesia en sentido espiritual. El enlace de bodas, pues, no se limita a un contrato legal seguido de un apareamiento sexual, es sobre todo una operación que une a los contrayentes para ilustrar en el plano natural lo que ocurre en el sobrenatural, donde el Señor es el marido y la iglesia la mujer.

> «Esposas, sométanse a sus propios esposos como al Señor. Porque el esposo es cabeza de su esposa, así como Cristo es cabeza y salvador de la iglesia, la cual es su cuerpo. Así como la iglesia se somete a Cristo, también las esposas se deben someter a sus esposos en todo. Esposos, amen a sus esposas, así como Cristo amó a la iglesia y se entregó por ella ... Él la purificó, lavándola con agua mediante la palabra, para presentársela a sí mismo como una iglesia radiante, sin mancha ni arruga ni ninguna imperfección, sino santa e intachable» (Efesios 5:22-27).

¿Representan dignamente los varones a Cristo en sus hogares? ¿Están dispuestos a derramar gota a gota su sangre por sus esposas? El cargo de machismo contra Pablo en particular, y contra el cristianismo en general, se cae por la base cuando al hombre casado se le hacen tan altas exigencias. Y ¿qué mujer no está dispuesta a amar y respetar a un marido capaz de morir por ella? Cuando todos los tiempos se cumplan, en el cielo se celebrarán las solemnes bodas que el autor de Apocalipsis pudo ver en la revelación de las últimas cosas:

> «¡Alegrémonos y regocijémonos y démosle gloria! Ya ha llegado el día de las bodas del Cordero. Su novia se ha preparado, y se le ha concedido vestirse de lino fino, limpio y resplandeciente» (Apocalipsis 19:7-8b).

Discernido el matrimonio espiritualmente, a la luz de las Sagradas Escrituras, la dimensión del paso que toman los novios al ir con las manos unidas ante el altar de Dios, deja de ser un acto social, o un simple rito eclesiástico, para adquirir su verdadero significado eterno. Por eso el apóstol advierte:

> «Así mismo el esposo debe amar a su esposa como a su propio cuerpo. El que ama a su esposa se ama a sí mismo, pues nadie ha odiado jamás a su propio cuerpo; al contrario, lo alimenta y lo cuida, así como Cristo hace con la iglesia porque somos miembros de su cuerpo» (Efesios 5:28-30).

La importancia que Dios le imprime al matrimonio se ha hecho patente en el hecho de que el primer milagro de Jesús tuvo lugar, precisamente, durante unas bodas en Caná de Galilea (Juan 2), con el bello y profundo simbolismo que entraña la conversión del agua en vino. Qué lástima, que este episodio tan significativo en el ministerio terrenal del Hijo de Dios haya sido objeto de tantos disparatados comentarios. Yo he oído a quienes, con toda seriedad, sostienen a pie juntillas que Jesús no convirtió el agua en vino, sino en simple jugo de uva porque no quería que la gente se embriagara.

En el misterio matrimonial, al momento de atarse libremente los cónyuges el uno al otro para siempre, el Espíritu Santo emplea su poder creativo para producir un milagro; y, si se comprende el maravilloso poder del acuerdo, cuando marido y mujer actúan en una sola mente, un solo corazón y un solo parecer —uno como cerradura, el otro como llave—, abrirán puertas anchurosas en sus vidas y las de sus descendientes. El popular poeta colombiano Nicolás Bayona Posada expresó bellamente a su madre cuando ella quedó viuda:

> «Porque si te has quedado con la mitad del lecho,
> te quedarás tan solo con la mitad del alma».

Pero recuérdese que unidad no significa uniformidad; como lo ha dicho Luis Palau, si en un matrimonio los dos cónyuges están perfectamente de acuerdo en todos los detalles, es señal inequívoca de que uno de los dos es un retrasado mental.

CANTARES DE AMOR

Soy conciente de que incursionar en la lectura y, sobre todo, el análisis de Cantar de los Cantares, el popular libro escrito por Salomón, trae muchísimas dificultades. Se ha acumulado durante siglos y milenios tal cantidad de interpretaciones sobre él, que hoy resulta por lo menos temerario bucear sus profundas aguas. Épocas hubo en las que se propuso su eliminación del canon bíblico, tal es el grado de conflicto que despierta este poema en el cual se apoyan, con presunta igual autoridad, la interpretación mística, que lo circunscribe a una alegoría del amor entre Cristo y la Iglesia, hasta la naturalista que lo limita al erotismo en actividad entre un hombre y una mujer sin más implicaciones.

Israel y la Iglesia por igual han entendido que Cantar de los Cantares es, sin dudas, un libro inspirado por el Espíritu Santo y, por consiguiente, contiene un mensaje que el Gran Quiensabe le ha querido dar al ser humano hecho a su imagen y semejanza. El concepto de Dios, o de lo divino, solamente aparece en uno de sus versículos:

«Como llama divina es el fuego ardiente
del amor» (Cantares 8:6b).

Ahora bien, la presencia de Dios puede no ser explícita sino implícita en un texto y no deja por ello de ser real. Lo que allí se lee no abre lugar a dudas: el fuego quemante del amor humano tiene origen en la llama divina. Y, si Dios es amor, ¿cómo podría ser de otra manera? ¿No arde la esencia misma del amor en el corazón de Dios? ¿De dónde proviene ese incendio pasional que abrasa a un hombre y a una mujer en un solo cuerpo? Los rabinos aconsejaban a los jóvenes no incursionar en la lectura de este libro antes de los treinta años, cuando la ley autorizaba una especie de «mayoría de edad«, a fin de que algo tan sagrado y casto como el amor erótico no fuera distorsionado por una pasión prematura y destructiva. En la historia de la iglesia cristiana se le ha dado, en términos generales, una interpretación de carácter alegórico, lo cual le hizo perder en muchos casos su verdadera intención. Como lo señala el doctor Francisco Lacueva, en su actualización del Comentario Bíblico de Mathew Henry,

> «se ha visto en él la expresión lírica de la comunión íntima, espiritual, de Dios con Israel; o de Cristo con la Iglesia y, en la iglesia de Roma, se le ha llegado a dar un sentido mariológico».[3]

Los recursos modernos de la exégesis, especialmente los propios de la llamada «escuela de las formas» de Bultmann, permiten sustentar la imagen de Cantar de los Cantares como un romance de profundo contenido amatorio que, al quedar incluido en el

---

3. Francisco Lacueva, *Diccionario bíblico de Matthew Henry*, Ed. CLIE, Barcelona, 1999, pág. 721.

canon de la Biblia, muestra a las claras un propósito de la voluntad de Dios acerca de las relaciones sexuales hombre-mujer. En pleno siglo XXI subsisten líneas evangélicas de estirpe gnóstica que se niegan a aceptar las evidencias que ofrece este poema acerca del erotismo como un canal de las bendiciones divinas. Y muchos neo-legalistas, no han explicado por qué Moisés instituyó «la ley de los celos» (Números 5:11).

KARMA Y POLIGAMIA

Error muy difundido es pensar que, en términos bíblicos, el *ágape* sustituye al *eros*; la realidad judeo-cristiana a este respecto es equilibrada y nos enseña que el *eros* conquista su punto culminante en el *ágape*. Dicho de otra manera: el amor espiritual no reemplaza al erótico; pero este se redondea y totaliza en el contexto de aquel. En cambio, en sistemas religiosos como el Islam y el Hinduismo las relaciones sexuales están rodeadas de un halo trágico, que comienza con una explosión demográfica incontrolada. La mujer musulmana recibe una bendición de fecundidad de parte de Alá si pare un alto número de hijos. De ahí que la poligamia sea una práctica difundida en el seno del Islam, con harenes, odaliscas y huríes muy a *Las mil y una noches*. En occidente ya ni los mormones son oficialmente polígamos. Para la mujer hinduista, por su parte, esos parias que han de nacer de ella son almas que necesitan reencarnar y el control natal es solo una forma de perturbar el curso normal del karma.

Están errados quienes piensan que se pueden practicar en Occidente manuales de instrucción y práctica sexuales tan minuciosos como el Kamasutra. Por tratarse de un libro sagrado perteneciente a un sistema pagano, las dificultades de su aplicación en el contexto monoteísta son más que obvias. El Kamasutra es un texto seodocientífico-doctrinal muy antiguo, de contenido obsceno, en el cual el fin justifica los medios, muy al estilo maquiavélico; en él se muestran diversas y desvergonzadas maneras de practicar las relaciones sexuales con las mujeres solteras, las casadas, las ajenas y las cortesanas. Adiestra en el manejo de brebajes estimulantes y productos afrodisíacos que coadyuven al completo desorden orgiástico que ha caracterizado a los sistemas religiosos mitológicos. Por ser estructuralmente hinduista, este libro no conoce límites en cuanto al erotismo, porque su ley de causa y efecto, por sí y en sí, hace viable que el sadomasoquismo pueda expresarse libremente; al fin y al cabo, ello es solo una forma de facilitar el cumplimiento del karma.

Un fogoso joven recién casado que me consultó acerca de su desmedido apetito erótico, argumentaba que sus activas hormonas lo inducían a buscar nuevos horizontes en sus relaciones conyugales; tal era su desbordado entusiasmo que había optado por consultar opciones diferentes, entre ellas el Kamasutra. Yo le respondí: — Tú lo único que necesitas es leer con cuidado el Cantar de los Cantares. Pocos días después vino a mi oficina pastoral a darme las gracias con este comentario: — Yo pensaba que Cantares era un libro místico, ahora me doy cuenta que se trata de un auténtico tratado de erotismo matrimonial. Solucionismo bíblico.

El erotismo, pues, no es algo por fuera del cristianismo; la diferencia de tratamiento que este le da, por contraste con otros sistemas religiosos, radica en su elevado idealismo espiritual, moral y ético desconocido en el mundo pagano. Las religiones falsas ignoran el concepto de pureza y, por eso, carecen de restricciones para los apetitos de la naturaleza pecaminosa —gula, borracheras, incontinencia sexual— a los cuales más bien se les permiten con gran indulgencia sus desbordamientos. En el sistema cristiano, por el contrario, la natural avidez sexual se somete voluntariamente a la virtud del dominio propio. Todas las cosas me son lícitas, pero no dejaré que ninguna me esclavice. El propio Salomón en otro de sus libros demuestra a las claras lo gratificante de una vida sometida a Dios:

> «¡Anda, come tu pan con alegría! ¡Bebe tu vino con buen ánimo, que Dios ya se ha agradado de tus obras! Que sean siempre blancos tus vestidos, y que no falte nunca el perfume en tus cabellos. Goza de la vida con la mujer amada cada día de la fugaz existencia que Dios te ha dado en este mundo» (Eclesiastés 9:7-9a).

Cuando Dios se agrada de mis obras, yo tengo derecho a disfrutar con alegría de una suculenta mesa, tomar una copa de vino con buen ánimo, vestir ropa limpia y decorosa, usar un poco de loción y, sobre todo, gozar la vida con la mujer que amo. ¿Alguien está dispuesto a retirar estos versículos de la Palabra de Dios? ¿Alguien cree honestamente que tienen un sentido alegórico? No, por cierto, Eclesiastés es un libro existencialista por antonomasia.

ABERRACIONES

Para justificar resabios eróticos, algunos toman ejemplos bíblicos, siempre fuera de contexto. La poligamia patriarcal, invocada hoy por doquier, fue practicada en una época que no conocía la ley; esta, dice la Biblia, fue añadida precisamente a causa de las trasgresiones. El incesto de Lot con sus hijas (Génesis 19) fue un acto involuntario del anciano sobreviviente de Sodoma, cometido bajo la embriaguez provocada por aquellas, convencidas como estaban, que no quedaba ningún otro varón sobre la tierra fuera de su padre. De todas maneras, sus descendientes, Amón y Moab, originaron pueblos bajo maldición. El incesto, como es obvio, quedó expresamente prohibido en la ley de Moisés cuatro siglos más tarde.

Se comete la inexactitud de calificar a Onán, hijo del patriarca Judá, como masturbador; ello se debe a que Freud acuñó el término onanismo para definir la autosatisfacción erótica. Onán, sin embargo, lo que hacía era verter el semen en tierra para impedir que la mujer fuera fecundada; (Génesis 38), y Dios lo castigó con la muerte por tan torcida acción. De todas maneras, la masturbación, aunque no involucre de manera directa a otras personas, es un pecado de pensamiento cuando quien la practica da rienda suelta a una fantasía sexual para provocar el orgasmo. De este vicio se deriva artificialmente un estado de depresión que muchas veces ha conducido al suicidio; y es inevitable reconocer que la Escuela Cínica griega lo recomendaba. El propio Diógenes, a pesar de su famosa lámpara, no vio la oscuridad en la que sumergía su alma cuando se masturbaba en lugares públicos, a la vista de sus conciudadanos. Cinismo es una palabra bien derivada de aquella filosofía.

Es cierto que el tatarabuelo de David, Salmón, se casó con la ramera de Jericó, Rajab, quien salvara a los espías antes de la toma de la ciudad por los israelitas; pero ella se había arrepentido, al convertirse al pueblo de Dios (Santiago 2:25). La tan recordada historia de Sansón y Dalila (Jueces 16), es una demostración palmaria de los desastres que conlleva el llamado «yugo desigual», sobre el cual Pablo ha sido terminante (2 Corintios 6:14). Billy Graham ha dicho en forma graciosa y precisa que, el creyente que se casa con un inconverso, recibe a Satanás como suegro. El adulterio de David con Betsabé es un ejemplo, no de que tal trasgresión sea aceptable o permitida, sino del arrepentimiento genuino por el pecado, y, aun así, muestra las desastrosas consecuencias que aquel produce (2 Samuel 11-12). Una de ellas, en la propia carne de David, la violación de su hija Tamar por parte de su también hijo Amnón, medio hermano de la inocente víctima (2 Samuel 13), historia poéticamente recreada por Federico García Lorca en un romance de final electrizante. Amnón, cometida su villanía, huye del palacio real en una jaca:

> «y cuando los cuatro cascos
> eran cuatro resonancias,

David, con unas tijeras,
Cortó las cuerdas del arpa».

El capítulo 18 de Levítico es muy expresivo en la condenación de toda forma de inmoralidad sexual: fornicación, adulterio, incesto, homosexualismo y, por supuesto, bestialismo, aberración que en el ilustrado siglo XXI se comete con indefensos animales domésticos, incluidas las mascotas hogareñas, y, también, con otras bestias, como ocurre en zonas caribeñas con las asnas y en los Andes con las llamas, para citar dos casos confirmados.

«No tendrás trato sexual con ningún animal.
No te hagas impuro por causa de él»
(Levítico 18:23).

SATISFACCIÓN

La relectura cuidadosa del Cantar de los Cantares ofrece una perspectiva erótica gratificante. Las descripciones que da el enamorado sobre los atributos físicos que Dios ha puesto en su amada son minuciosos y entusiastas:

«¡Ah, princesa mía, cuán bellos son tus pies en las sandalias! Las curvas de tus caderas son como alhajas labradas por hábil artesano. Tu ombligo es una copa redonda, rebosante de buen vino. Tu vientre es un monte de trigo rodeado de azucenas. Tus pechos parecen dos cervatillos, dos crías mellizas de gacela. Tu cuello parece torre de marfil. Tus ojos son los manantiales de Hesbón, junto a la entrada de Bar Rabín. Tu nariz se asemeja a la torre del Líbano, que mira hacia Damasco ... Hilos de púrpura son tus cabellos, ¡con tus rizos has cautivado al rey! Cuán bella eres, amor mío, ¡cuán encantadora en tus delicias! Tu talle se asemeja al talle de la palmera, y tus pechos a sus racimos. Me dije: Me treparé a la palmera; de sus racimos me adueñaré. ¡Sean tus pechos como racimos de uvas, tu aliento cual fragancia de manzanas, y como el buen vino tu boca!» (Cantares 7:1-9).

Obsérvese cómo detalla este poeta toda la anatomía femenina en versos vibrantes: pies, caderas, ombligo, vientre, pechos, cuello, ojos, nariz, cabeza, cabellos, talle, boca. La joven enamorada, por su parte, no se queda atrás al puntualizar los atributos físicos de su galán:

«Mi amado es apuesto y trigueño, y entre diez mil hombres se le distingue. Su cabeza es oro puro; su cabellera es ondulada y negra como un cuervo. Sus ojos parecen palomas posadas junto a los arroyos, bañadas en leche, montadas como joyas. Sus mejillas son como lechos de bálsamo, como cultivos de aromáticas hierbas. Sus labios son azucenas por las que fluye mirra. Sus brazos son barras de oro montadas sobre topacios. Su cuerpo es pulido marfil incrustado de zafiros. Sus piernas son pilares de mármol que descasan sobre bases de oro puro. Su porte como el del Líbano, esbelto como sus cedros. Su paladar es la dulzura misma; ¡él es todo un encanto! ¡Tal

es mi amado, tal es mi amigo, mujeres de Jerusalén!
(Cantares 5:10-16).

Cabeza, ojos, mejillas, labios, brazos, cuerpo, piernas, paladar, toda la apariencia física varonil es exaltada con vivas palabras que nacen de un corazón prendado. Estos maravillosos textos de las Sagradas Escrituras no han sido escritos para ruborizar a los lectores, sino para mostrarles el amor de Dios proyectándose a través de la pareja humana en el legítimo ejercicio conyugal del erotismo.

Deplorablemente, en el mundo actual tales lecciones son cambiadas por las de una pornografía delirante que ha profanado el sentido primigenio del amor. Mucho del antiguo encanto de estar enamorado se ha perdido en la ordinariez animal de un instinto desbordado, cuando no en la ceguera religiosa de quienes observan la actividad sexual con lentes prejuiciados. En muchos grupos parece haber un empeño de afear a las mujeres: se les prohíben joyas, perfumes, arreglos femeninos en general, pasando por alto que Abraham envió a su futura nuera Rebeca un brazalete de oro (Génesis 24:46), y que Ester estuvo sometida a tratamientos de belleza durante un año antes de entrar al aposento nupcial (Ester 2:6). ¿En dónde queda, pues, el tantas veces mencionado Cantar de los Cantares?

> «¡Qué hermosas lucen tus mejillas entre los pendientes! ¡Qué hermoso luce tu cuello entre los collares! ¡Haremos para ti pendientes de oro con incrustaciones de plata!»
> (Cantares 1:10-12).

¿Tiene algo de maligno que una mujer cristiana use un discreto perfume? ¿Es, acaso, preferible dejar que busque refugio en la aromaterapia supersticiosa de la Nueva Era? Por arbitrarias y absurdas restricciones el idilio ha perdido su natural color de rosa para teñirse de un rojo encendido o asumir un tono grisáceo. Obsérvese qué mediocre es el vocablo formado de medio y ocre. Como quien dice, medio opaco. La iglesia tiene la perentoria obligación de reconstruir el encanto de los noviazgos y los matrimonios y, para ello, la propia Palabra de Dios contiene las lecciones adecuadas. Solucionismo bíblico.

La ignorancia ha traído no pocas catástrofes. Se ha dicho razonablemente que, en la excitación sexual, la mujer es como la tortuga, y el hombre como la liebre. La forma de inmoralidad que se conoce por fornicación (sexo entre solteros) trae consecuencias terribles sobre las vidas, porque generalmente se practica a escondidas, de afán, en lugares incómodos, con añadiduras psicológicas como la incertidumbre, el temor al embarazo y, para algunas personas, la posibilidad de que se las descubra. En tales condiciones, el erotismo femenino funciona defectuosamente, produciendo una cadena de frustraciones, pues, enfrentada a la realidad, la mujer termina por fingir un orgasmo. El varón, en tanto, satisfecho su apetito puramente animal, no se preocupa poco ni mucho de si su pareja se ha quedado a mitad de camino. Este tipo de relaciones genera una tremenda angustia, porque no integra sino disgrega el afecto, en un ensamblaje mecánico que no produce unidad espiritual, sino un transitorio y casi siempre doloroso, injerto carnal.

> ¿No saben que sus cuerpos son miembros de Cristo mismo? ¿Tomaré acaso los miembros de Cristo para unirlos con una prostituta? ¡Jamás! ¿No saben que el que se une a una prostituta se hace un solo cuerpo con ella? Pues la Escritura dice: «Los dos llegarán a ser un solo cuerpo.» Pero el que se une al Señor se hace uno con él en espíritu (1 Corintios 6:15-17).

Cuando se trata de la mujer casada, después de un arduo día de trabajo suele recibir la noche, bien si ha estado en el hogar o fuera de él, hecha un nudo gordiano de nervios; y entonces un esposo inconsecuente y desconsiderado, sin demostraciones de afecto ni la más mínima preparación, la fuerza a una relación sexual de cinco minutos, terminada la cual se voltea hacia el rincón a roncar plácidamente. Esta conducta es, en gran parte, responsable de la frigidez femenina y, generalmente, del fracaso conyugal. Quien persigue su propia satisfacción sin pensar en la del otro, invierte el orden bíblico según el cual, el amante debe buscar el bien del amado por sobre el suyo individual. Tales conductas han generalizado la opinión de que el matrimonio es la tumba del amor. Pidámosle a Jesucristo que frente a ese gran cadáver repita la orden perentoria que hace dos milenios diera a Lázaro para resucitarlo.

Conclusión

Al terminar la redacción de este libro, difícil y rodeada de circunstancias curiosas e imprevistas, me dejo llevar por mi inveterada manía de encender a cada rato la televisión para enterarme de las últimas noticias. Un informe sobre espectáculos es interrumpido bruscamente por el avance de última hora: el trasbordador Columbia, veterano de trece odiseas espaciales, se ha desintegrado después de entrar en fricción con la atmósfera terrestre.

La primera suposición habla de terrorismo: el Tío Sam está a las puertas de una guerra con Irak, y uno de los astronautas muertos era judío. Se descarta esa hipótesis: a sesenta mil pies de altura no hay misiles viables. Un astrólogo habla de extraterrestres; ellos, a su parecer, están furiosos porque ya los hombres descubrieron el misterio de la clonación, y han decidido frenar tal osadía con una señal poderosa e inocultable. Los profetas de desastres desempolvan sus viejos vaticinios sobre el fin del mundo para reacomodarlos a la nueva situación. Apocalipsis habla de «señales en el cielo». ¿Qué más quieren?

Me invade una depresiva sensación de haber perdido el tiempo. Tal vez este libro sea extemporáneo. Peor aún, tardío. ¿A quién le importa un tratado sobre erotismo y matrimonio, aborto y SIDA, divorcio, y todas esas cosas, en la actual coyuntura del hombre? Esther Lucía viene a darme una taza de café. Al reflejarme en sus grandes ojos, recobro de inmediato aquellas tres cosas que siempre subsisten: la fe, la esperanza y el amor. Este libro es una obra de fe: se necesitan voces que rescaten en el estruendo mundial la Gran Voz. Es una obra de esperanza: al final de la angustia el abrazo de Cristo espera con las manos ensangrentadas. Y es una obra de amor, precisamente. El amor es más fuerte que la guerra, la ciencia, los demonios y la muerte.

Esther Lucía me pregunta:

—¿Cuándo terminas tu libro?

Y yo le respondo:

—Tomaré despacio tu café e iré de prisa a la casa editorial.

Bibliografía

H. Crouzel, *La indisolubilidad del matrimonio en los padres de la iglesia*, Herder & Herder Nueva York, 1977.

Jacob T. Hoogstra, *Juan Calvino profeta contemporáneo*, Telsf Inc. Grand Rapids, Michigan, 1973.

Paul Jonson, *Historia del cristianismo*, Javier Vergara Editores, 1989.

Ed Wheat y Gaye, *El placer sexual ordenado por Dios*, Edit. Betania, 1980.

Costler y Willy, *Enciclopedia del conocimiento sexual*, Ed. Claridad, Buenos Aires, Argentina, 1966.

Kurt E. Koch, *El diccionario del Diablo*, Libros CLIE, 1987.

Georges Bataille, *El erotismo*, Ed. Mateu, 1971.

Viktor Frankl, *El hombre en busca del sentido último*, Ed. Paidós, 2000.

Justo L. González, *La era de los mártires*, Ed. Caribe, 1978.

José Vives, *Los padres de la iglesia*, Ed. Herder S.A., Barcelona, 1971.

E. Blackhouse y C. Tyler, *Historia de la iglesia primitiva*, Libros CLIE, Barcelona, 1986.

Lucien Febvre, *Martin Lutero: un destino*, Fondo de Cultura Económica de Colombia, México, 1956.

Luis López de Mesa, *La sociedad contemporánea*, Ed. Minerva S.A., Bogotá, 1937.

www.vidahumana.org., *Mitos acerca del homosexualismo*, 2002.

Neil y Joanne Anderson, *Diariamente en Cristo*, Ed. Unilit, Miami, 1994.

Francis A. Shaeffer, *Huyendo de la razón*, Ediciones Evangélicas Europeas, Barcelona, 1969.

José Eustasio Rivera, *La vorágine*, M. Aguilar Editor S.A., México, 1978.

Sigmund Freud, *Psicopatologia de la vida cotidiana, Freud para todos*, Santiago Rueda Editor, Buenos Aires, 1966.

Miguel de Cervantes Saavedra, *Don Quijote*.

José Luis Aranguren, *Erotismo y liberación de la mujer*, Ediciones Ariel, Barcelona, 1973.

Enrique Santos Calderón, *Fiestas y funerales*, Intermedio Editores, Bogotá, 2002.

Peter Kolosimo, *Psicología del erotismo*, Plaza & Janés S. A. Editores, Barcelona, 1970.

Eliseo Vila, *Las obras de referencia y consulta*, Editorial CLIE, Barcelona, 1998.

Antonio Cruz, *Sociología*, Editorial CLIE, Barcelona, 2002.

Antonio Cruz, *Bioética Cristiana*, Editorial CLIE, Barcelona, 1997.

Tim La Haye, *Cómo hallar la voluntad de Dios*, Ed. Vida, Miami, 2002.

The Allan Guttmacher Institute, *Aborto clandestino: una realidad latinoamericana,* Berger/McGill, 1994.

Georges Bataille, *El erotismo*, Editorial Mateu, España, 1971.

Bibliografía

Jack Willke & J.C. Willke, Señora, *Abortos, Preguntas y respuestas*, Ed. Bonum, Argentina, 1992.

CNI en Línea. *Yahoonoticias-tecnologia*.

ONU, *Conferencia mundial de la población*, El Cairo, Egipto, Sept. 1994.

La clave, revista independiente, junio de 1993, Bogotá, D.C.

Paul Kennedy, *La division demográfica*, Los Angeles Times Syndicate.

Billy Graham, *Aviso de tormenta*, Unilit, Miami, 1991.

Erich Fromm, *El arte de amar*, Ed. Paidós, 1967.

Francisco Lacueva, *Diccionario bíblico de Matthew Henry*, Ed. CLIE, Barcelona, 1999.

Pat Robertson, *Pat Robertson responde*, Ed. Vida, 1988.

Shmuley Boteach, *Kosher Sex*, Brodway Books, 2002.

El Eterno Presente, más allá del terror
Darío Silva-Silva

¿Podrá la iglesia cristiana seguir siendo igual después de los eventos del 9/11/01? Absolutamente. Si rescata su esencialismo, la iglesia comandará la recristianización de Occidente para la evangelización global a través del vitalismo espiritual, el actualismo teológico y el solucionismo bíblico. En la verdadera guerra, el cristianismo vence al terrorismo, porque el amor triunfa sobre el temor.

ISBN 0-8297-3516-X

Las llaves del poder

Esta obra está dirigida a todos aquellos que desean ser líderes tanto de sí mismos como de otros. El autor, Dr. Darío Silva-Silva, aporta esta vez una distinción radical de tres conceptos: Leyes, armas y llaves, temas muy importantes que nos ayudarán a comprender mejor las enseñanzas del evangelio.

ISBN 0-8297-3437-6

El Reto de Dios

El Reto de Dios está llamado a producir impacto, pues contiene una franca autocrítica evangélica de corte profético y la invitación a dar un salto audaz de la iglesia preterizada a la iglesia futurizante.

ISBN 0-8297-3290-X

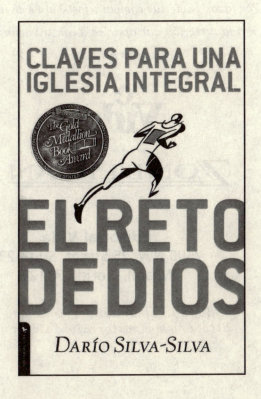

Para contactar al autor:
dariosilvasilva@yahoo.com

Nos agradaría recibir noticias suyas.
Por favor, envíe sus comentarios sobre este libro
a la dirección que aparece a continuación.
Muchas gracias.

Editorial Vida
7500 NW. 25 Street, Suite 239
Miami, Florida 33122

Vidapub.sales@zondervan.com
http://www.editorialvida.com